A Evolução do Teletrabalho

Tomo III: Tecnologia no Teletrabalho

A Evolução do Teletrabalho

Tomo III: Tecnologia no Teletrabalho

Organizadores:
Fabiano Zavanella
Fernando Angelieri
Luis Otávio Camargo Pinto

Sobratt
Sociedade Brasileira de Teletrabalho e Teleatividades

ipojur.
INSTITUTO BRASILEIRO DE ESTUDOS E PESQUISAS EM CIÊNCIAS POLÍTICAS E JURÍDICAS

LACIER

LACIER
Lacier Livraria e Editora
www.livrarialacier.com.br

Rua Doutor Quirino, 808 – Centro
CEP 13015-081 – Campinas, SP – Brasil

1ª Edição, 2023
Fechamento: novembro, 2022.

Diretor: *Lacier José de Rezende*
Diretor assistente: *Eduardo Soares Aureliano*
Apoio editorial: *Priscilla Boscariol Dias* – IPOJUR – Coordenadora de Comunicação
Projeto de capa: *Liliane Guedes* – Diretora de Marketing e Comunicação da SOBRATT
Projeto gráfico e editoração eletrônica: *Peter Fritz Strotbek – The Best Page*

Ficha Catalográfica

Dados Internacionais de Catalogação na Publicação (CIP)
(Câmara Brasileira do Livro, SP, Brasil)

E93 A evolução do teletrabalho : tomo III : tecnologia no teletrabalho / Organizadores: Fabiano Zavanella, Fernando Angelieri, Luis Otávio Camargo Pinto. — 1. ed. — Campinas : Lacier Editora, 2023.
126 p. ; 16 x 23 cm.

ISBN 978-65-88805-47-3

1. Trabalho — Inovações tecnológicas. 2. Teletrabalho — Brasil. 3. Tecnologia — Trabalho — Brasil. 4. Relações trabalhistas — Efeito das inovações tecnológicas. I. Zavanella, Fabiano. II. Angelieri, Fernando. III. Pinto, Luis Otávio Camargo.

CDU 331.1(81)

Índices para catálogo sistemático:

1. Relações trabalhistas — Efeito das inovações tecnológicas (Brasil)

Angela Schmidt da Rosa – Bibliotecária – CRB-14/1171

Sumário

Prefácio

Gratidão ao querido amigo Wolnei Tadeu Ferreira pela lembrança e convite para prefaciar o Tomo III — Tecnologia no Teletrabalho, pois o tema tem sido uma constante em minha jornada profissional há pelo menos 20 anos utilizando intensivamente a internet.

Ao longo destes anos as tecnologias digitais foram incorporadas ao meu dia a dia e instrumentalizaram minha crença de que as Pessoas que comunicam com maior intensidade, e executam suas atividades de forma colaborativa, potencializam suas realizações independentemente do local onde estejam.

O sucesso do movimento Brasil Digital para Todos é um exemplo recente da aplicação das tecnologias digitais na construção e consolidação coletiva dos fundamentos para que nosso País esteja entre os principais protagonistas globais em Inovação e Transformação Digital.

Na realização deste movimento de interesse nacional, suprapartidário e voluntário, que por conta da pandemia vem ocorrendo de forma remota desde 2020, observamos alinhamento com boa parte do conteúdo dos capítulos desta obra.

A utilização do Teams da Microsoft potencializou a comunicação e colaboração nesta realização coletiva nas modalidades assíncronas, de acordo com a disponibilidade de tempo dos voluntários, e síncronas, nos momentos de consolidação das conclusões.

O acervo de conhecimentos registrados de forma colaborativa na plataforma da Academia Brasil Digital viabilizou o protagonismo e o aprendizado permanente que contemplam o novo modelo mental das Pessoas, e a necessária ressignificação dos novos contratos sociais para atender a *Gig Economy*.

As experiências imersivas propiciadas pelos ambientes virtuais do metaverso, com a ampliação para o 3D e a utilização do 5G já apresentam casos de uso na indústria com os gêmeos digitais, na medicina com o telediagnóstico e cirurgias remotas, no turismo, e na educação, entre outras.

A utilização das tecnologias digitais também permite a gestão remota mais efetiva da produtividade das Pessoas, assim como dos respectivos entregáveis, sem necessariamente monitorar seus momentos de execução, e atendem as preferências de redução do trabalho presencial para 2 dias de 30% dos colaboradores e 88% dos empregadores.

Esta obra oferece uma oportunidade ímpar de reflexão aos leitores quanto à aplicação prática das tecnologias no teletrabalho apresentadas em seu conteúdo.

Francisco Antonio Soeltl
Presidente do Instituto MicroPower.
Curador do movimento Brasil Digital para Todos.

Apresentação

É muito recompensador concluir mais um TOMO da coleção SOBRATT/ IPOJUR.

Esse projeto teve início no ano de 2021, quando comemoramos os 22 anos da SOBRATT. Naquela oportunidade, buscamos criar uma identidade, que teria como enfoque principal a EVOLUÇÃO DO TELETRABALHO sob variadas óticas.

Nesse sentido, o TOMO I abraçou os aspectos jurídicos que envolvem o TELETRABALHO, a saber: autogerenciamento da jornada de trabalho, custeio, LGPD, questões sindicais, gênero, privacidade, inteligência artificial, direito comparado, além de importantes contribuições internacionais vindas da Itália, Espanha, Portugal, Uruguay e França.

No primeiro semestre de 2022, abrimos espaço para o TOMO II abrigar os aspectos relacionados à gestão, que representou um momento especial para nossa associação, eis que homenageamos o fundador da SOBRATT — Professor Alvaro Mello.

Seguindo o caminho de A EVOLUÇÃO DO TELETRABALHO, buscamos dar evidência à TECNOLOGIA no TOMO III, que possui conexão direta com o trabalho remoto, aliás, sem tecnologia não existe TELETRABALHO.

Pois bem, o presente Tomo traz importantes alertas de Carlos Manino quanto à necessidade de uma estrutura tecnológica adequada para viabilizar o TELETRABALHO.

Fernando Angelieri, por sua vez, apresenta soluções colaborativas de trabalho, ao nos brindar com o *case* da TWO, que, desde 2003, é 100% *'home based'*.

José Assumpção Rodrigues de Almeida nos convida a uma reflexão sobre as ferramentas de controle, viabilizadas na gestão da Joselma Fonseca Oliveira e Adinilson Martins da Silva apresentam questões que envolvem a avalição e o monitoramento do teletrabalhador, e que poderão ser propagados em órgãos públicos.

Roberto Brenlla destaca a importância do software livre para viabilizar o TELETRABALHO, com garantias de segurança e qualidade. Além disso, apresenta sua experiência com o TELETRABALHO natural e o certificado.

Tawan Pimentel revela os principais recursos tecnológicos para os gestores coordenarem o trabalho de profissionais que exercem suas atividades em modelos de trabalho remoto, disponibilizando o conhecimento dessas ferramentas.

Walter Cunha, Bruno Affonso e Juliana Legentil oferecem às organizações públicas uma relação-base de eventos de risco e sugestões de controles associados, atraindo para este rol o esforço gerencial e operacional de mitigação.

Por fim, Yves Moyen aponta para a oportunidade de construirmos um novo capítulo civilizatório impulsionado pelo avanço tecnológico exponencial e sustentado por um novo contrato social.

Esperamos que os leitores, ao final dessa imersão tecnológica, possam colher os melhores frutos dessas experiências vivenciadas por gestores do setor público e privado.

Esperamos, ainda, que a tecnologia continue sendo utilizada para o aprimoramento dos processos de gestão, sempre com especial proteção à privacidade e saúde mental de cada usuário.

Com esta perspectiva, partiremos para o TOMO IV, que terá como tema central o TELETRABALHO e suas intersecções com a ERGONOMIA, BEM-ESTAR E SAÚDE MENTAL dos Teletrabalhadores.

Boa leitura!

Fabiano Zavanella

Luis Otávio Camargo Pinto

Tecnologia no Teletrabalho

Carlos Manino[(1)]

Resumo: O teletrabalho é uma modalidade de trabalho que existe há muitos anos e ganhou muita força por conta da pandemia.

Superadas as eventuais barreiras culturais e de ceticismo, há diversas tecnologias que ajudam na viabilidade do trabalho remoto de forma definitiva que detalhadas aqui.

Há produtos voltados à conectividade, infraestrutura, segurança, produtividade, controles, gestão, relacionamento profissional e integração dos trabalhadores remotos junto às empresas, clientes e outros colaboradores, aproximando as pessoas no mundo corporativo virtual. Trazemos as ferramentas que são essenciais, mostrando que o trabalho conectado pode ser consistente e já é realidade em outros mercados e que a adoção no Brasil é apenas uma questão de tempo.

Além de trazer quais são as tecnologias mais recomendadas, também tratamos aspectos impactantes quando as pessoas começam a trabalhar de casa ou de qualquer outra localidade, onde há o convívio pessoal misturado com o mundo corporativo. Muito importante as pessoas terem consciência e saberem quais os limites do ambiente doméstico e corporativo no teletrabalho e como lidar com isso.

1. Disrupção digital como agente viabilizador do teletrabalho

O teletrabalho é uma modalidade de trabalho flexível que já existe há muitos anos, porém a sua adoção sempre sofreu rejeição em vários segmentos do mundo dos

(1) Sócio Diretor da TOTVS juriTIs (franquia TOTVS especializada no Segmento Jurídico), área em que atua desde 1988, e associado ao ILTA (International Legal Technology Association). Co-fundador da BCS Informática e na TOTVS estruturou o AR Jurídico — modelo de Atendimento e Relacionamento para Departamentos Jurídicos. Especialista em GED/DMS (Gerenciamento Eletrônico de Documentos — um dos responsáveis por trazer ao Brasil as soluções da iManage/Worksite em 1999) e sistemas de segurança da informação, com foco em DLP (Data Loss Prevention). Engenheiro de Computação com MBA em TI pela Universidade de São Paulo na Escola Politécnica/USP e MBA Executivo em Gestão Estratégica e Econômica de Negócios na FGV, com diversas certificações técnicas na área de TI, sistemas de IDM/IAM e soluções de infraestrutura. Palestrante e na área acadêmica lecionou matérias de exatas em cursos de graduação, professor universitário no curso de Engenharia da Universidade Paulista e professor convidado da FGV no curso de pós-graduação (GVLaw), ministrando os módulos de Gestão do Conhecimento e Tecnologia da Informação e atuou como instrutor certificado da *iManage* (iCAT — iManage Certified Application Trainer).

negócios. Há vários aspectos que podem explicar isso, salientando questões culturais e o receio do "desconhecido", mas jamais associar a pontos relacionados à tecnologia. Hoje temos recursos tecnológicos suficientes para atender todas as necessidades computacionais do trabalhador remoto.

Várias empresas estavam ensaiando se e quando deveriam ir para um mundo mais conectado, adotar soluções em nuvem ou até, eventualmente, permitir o trabalho remoto e de repente veio a pandemia do Covid-19 em 2020 e, literalmente, do dia para noite todos os planejamentos, estudos que vinham sendo feitos foram deixados de lado e, por uma questão de urgência, todos foram para suas casas e estabelecemos o mundo corporativo digital.

Muitas tecnologias foram fundamentais para que isso fosse possível, contudo, isto trouxe novas questões de segurança da informação na relação entre o profissional remoto com sua corporação e mudanças significativas na forma de trabalho e de relacionamento entre os clientes e seus fornecedores, além da própria relação do colaborador com a empresa onde ele atua.

Agora temos o escritório distribuído em vários lugares, pois cada residência, de cada profissional, tornou-se uma extensão do escritório matriz. Certamente vários processos administrativos e de trabalho colaborativo foram revistos neste novo contexto, onde a racionalização de recursos e revisão de custos vêm a reboque. Uma pesquisa[(2)] do *Gartner Inc.* com 317 diretores e líderes financeiros, em 30 de março de 2020, revelou que 74% deles moverá pelo menos 5% de sua força de trabalho, anteriormente no escritório, para posições permanentemente remotas após a pandemia.

Quando olhamos o segmento jurídico, como exemplo, e ainda comparamos o mercado brasileiro com o mercado americano, importante referência neste segmento, podemos destacar que a principal diferença entre os dois mercados sempre foi a velocidade na adoção das tecnologias disponíveis — nunca foi o acesso às mesmas.

Esta postura dos escritórios de advocacia americanos de serem mais vanguardeiros deixam referências importantes quando pensamos neste novo mundo de teletrabalho, pois eles já vêm adotando tecnologias disruptivas há muitos anos de forma gradativa e consistente. Isto fica bem notório quando analisamos alguns dados da pesquisa[(3)] ***ILTAs 2022 Technology Survey,*** onde se obtiveram respostas de 541 escritórios de advocacia, representando 126.000 advogados e aproximadamente 275.000 profissionais do segmento jurídico, associados ao **ILTA (Associação Internacional de Tecnologia do Segmento Jurídico**, fundada em 1980, que mostra as tendências

---

(2) Fonte: <https://www.gartner.com/en/newsroom/press-releases/2020-04-03-gartner-cfo-surey-reveals-74-percent-of-organizations-to-shift-some-employees-to-remote-work-permanently2>.

(3) Fonte: <https://www.iltanet.org/resources/publications>.

sobre serviços e produtos de tecnologia para escritórios de advocacia e departamentos jurídicos – <www.iltanet.org>).

Este processo foi fundamental para a entrada no mundo corporativo digital, mais conectado, mais flexível e mais disponível. Veremos a seguir a maturidade na adoção de algumas destas tecnologias.

Para facilitar o entendimento, iremos dividir o tema em três blocos:

- Soluções;
- Infraestrutura;
- Segurança da informação.

Soluções

São ferramentas e sistemas diretamente ligadas à produção e a viabilidade do trabalho dos usuários quando estão longe das suas empresas.

Telefonia – A tecnologia *VoIP* (Voz sobre IP) e as centrais telefônicas na nuvem revolucionaram este mercado. A adoção já atingiu 94% do mercado, contra 6% de centrais PABX tradicionais ou outras tecnologias.

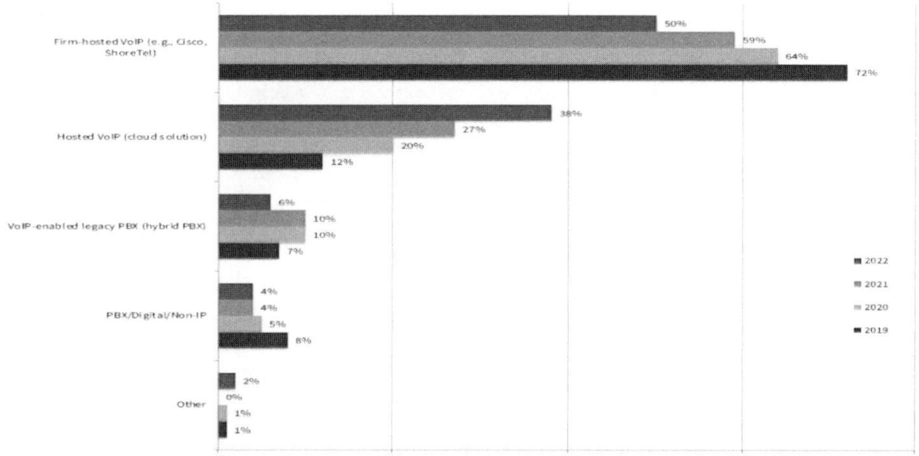

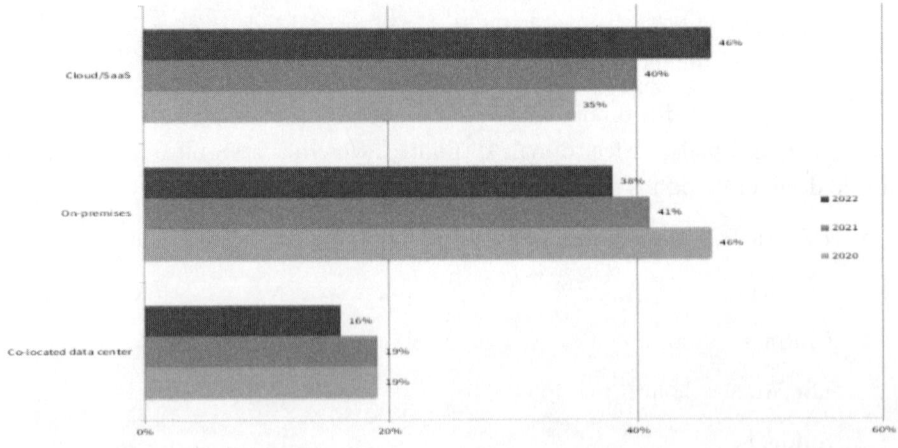

Gerenciamento Eletrônico de Documentos (GED) – De acordo com a AIIM[(4)] (Associação Internacional de Gerenciamento de Imagem e Informação, comunidade global de profissionais de gestão da informação – <www.aiim.org>), é uma solução para armazenar e gerenciar documentos eletrônicos, desde aqueles que já nascem no formato eletrônico, como documentos do Word, Excel, PowerPoint, PDF e outros formatos, assim como mensagens de e-mail e documentos em papel que foram digitalizados, com total controle do histórico de acessos e níveis de acesso. Com o teletrabalho mais presente, temos o crescimento significativo da hospedagem na nuvem das soluções de GED, chegando a 62%, contra 38% em hospedagem em rede local.

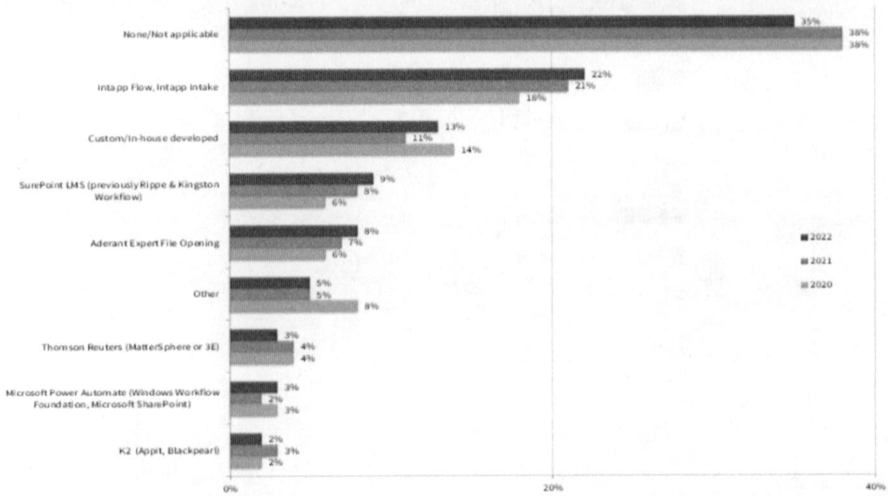

Fluxo de trabalho (*workflow*) – Trata-se de uma metodologia para organizar e desenvolver trabalhos numa organização. Onde sabemos exatamente qual a sequência

(4) Fonte: <https://www.aiim.org>.

de atividades precisa ser feita, por quem e em que ordem. No teletrabalho tornou-se bastante importante e comum, já que não temos a possibilidade de virar para o vizinho da mesa ou da sala ao lado e perguntar se ele já entregou a parte dele.

Notamos que a adoção de ferramentas para automatização e controle de cada etapa da entrega dos trabalhos administrativos ou controle de projetos vem numa forte crescente. Segundo a pesquisa, apenas 35% das empresas não utilizam nenhuma solução de fluxo de processos de trabalho.

Portal corporativo (intranet/extranet) – Empresas, de uma maneira geral, têm dificuldade de fazer com que a sua comunicação e informações cheguem às pessoas corretas e de uma forma simples. O que vemos muitas vezes são as "conversas de corredor" ou o uso indiscriminado de envio de e-mails. Com o aumento do trabalho remoto esta situação se agravou e temos mais uma vez a tecnologia nos ajudando a endereçar este tipo de situação. O uso de portais corporativos aumentou, fazendo com que as informações passassem a estar disponíveis de maneira clara, objetiva, sem intermediários e alcançando quem precisa. Isto vale para as pessoas internas da organização (*intranet*) ou para pessoas de fora, sejam elas clientes ou terceiros (*extranet*). Esta foi mais uma transformação digital que veio para ficar com um impacto cultural bastante importante. Esta é a nova forma de engajar as pessoas, fazendo com que elas, mesmo no teletrabalho, ainda se mantenham conectadas no dia a dia da empresa onde ela trabalha, trocando informações com seus colegas de trabalho ou com os clientes de uma forma bastante dinâmica e direta, dando condições de outras pessoas interagirem e colaborarem também. Apenas 16% das empresas pesquisadas no ILTA não usam nada.

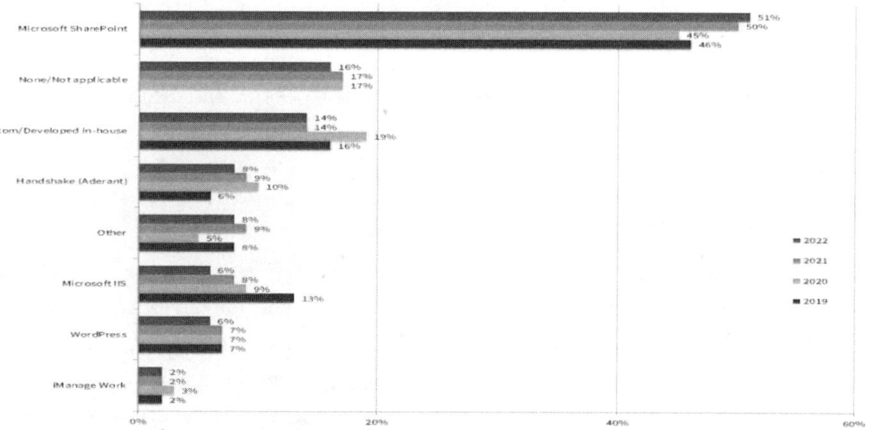

Reuniões virtuais – Modalidade que já existe há muitas décadas, mas que ganhou notoriedade nos últimos anos, pois foi a maneira mais simples e segura de viabilizar reuniões entre as pessoas durante o período de pandemia. As conferências podem ser feitas através de vários tipos de dispositivos e meios de conexão. As chamadas podem ocorrer via telefone ou links de internet. Entre as possibilidades de conferências, temos a audioconferência, a teleconferência e a videoconferência.

- **Audioconferência** – método mais antigo de reunião virtual. Esse tipo de conferência ocorre apenas por áudio e pode acontecer por linha telefônica, *VoIP* ou internet e não há interação entre os participantes.

- **Teleconferência** –Esse tipo de conferência ocorre por áudio e transmissão de imagem, comumente utiliza a internet para a conexão e não há interação entre os participantes.

- **Videoconferência** – Sistema de reunião virtual mais difundido hoje em dia, permite colaboração em tempo real entre os participantes da conferência, aumentando a produtividade. Totalmente interativa, permitindo inclusive compartilhamento de documentos. A videoconferência pode ser efetuada através de diversos tipos de dispositivos, incluindo dispositivos móveis pessoais. Utiliza a internet como meio de acesso. Por conta da sua fácil adoção, alcance e popularidade existem políticas de conduta e segurança específicas de como as pessoas devem participar deste tipo de conferência.

Absolutamente 100% das empresas que responderam à pesquisa do ILTA usam soluções de videoconferência.

Colaboração e produtividade – Fechando a lista de ferramentas essenciais para melhorar a produção das pessoas no teletrabalho não poderíamos de deixar de indicar soluções de colaboração e produtividade que dispõem de e-mail, mensagens instantâneas, reuniões virtuais, editores de arquivos e gestão de tarefas com a novidade de estarem conectados e disponibilizadas 100% em nuvem. O mundo hoje se divide entre o **Microsoft 365** e o **Google Workspace**.

Depois de discorrer sobre as principais aplicações que são destaque no trabalho remoto vamos descobrir como todas estas soluções ficam disponíveis para as pessoas trabalharem.

Infraestrutura

Para garantir que todos os recursos e sistemas que estão associados à produtividade e colaboração do trabalhador remoto, é fundamental que haja uma infraestrutura tecnológica adequada ao teletrabalho. Isto passa por fornecer acesso aos documentos, informações e aplicações corporativas de forma rápida e segura, com uma experiência de trabalho mais próxima possível ao trabalho presencial, reduzindo os impactos culturais que esta modalidade de trabalho pode trazer.

Sistemas corporativos em nuvem – Mudança dos servidores locais (*on-premises*) para nuvem (*cloud*). Os números da pesquisa do ILTA mostram a adoção de *cloud* em

75% das empresas, contra 25% que ainda mantém *on-premises*, onde 80% das que não foram ainda, já estão considerando ir para o ambiente *cloud* também.

Um ponto interessante da pesquisa mostra os fatores que são (ou eram) barreiras para a mudança para o ambiente *cloud*. Dos 5 principais itens abordados, apenas o Custo ainda poderia ser impeditivo, pois Aspectos de Segurança, Questões de Confiabilidade, Performance e Restrições dos Clientes já foram superados quando tivemos que colocar todos trabalhando de forma remota, por conta da pandemia.

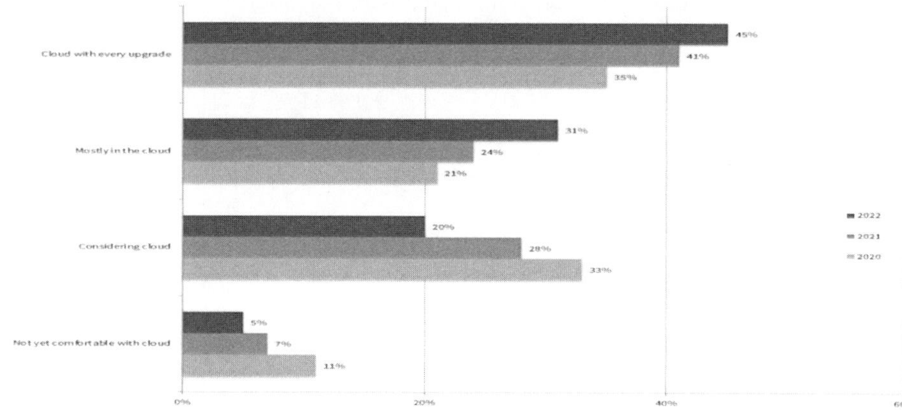

Ir para a nuvem não é uma questão se "vou ou não vou" e sim de "quando eu vou".

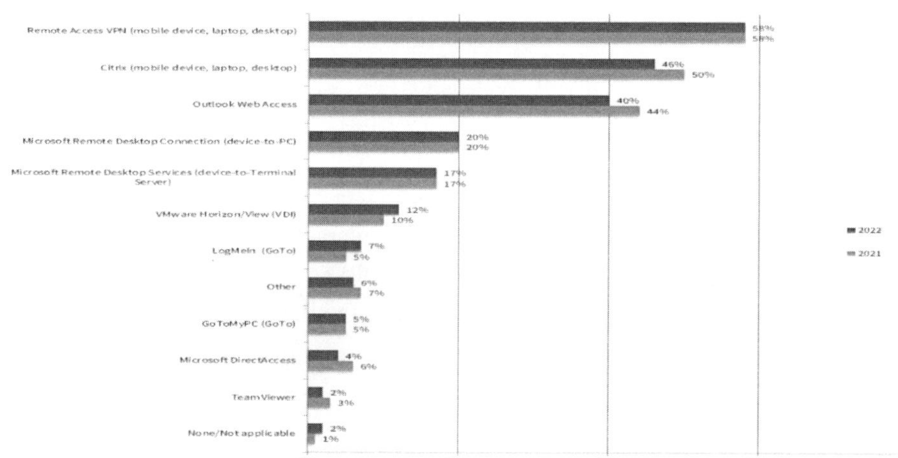

Acesso remoto – Existem inúmeras ferramentas que viabilizam aos usuários o acesso às soluções neste ambiente mais conectado. Podemos destacar as soluções que já são "*web*", o acesso via "*VPN*" e as inúmeras soluções baseadas em "desktop remoto". Não importa qual a estratégia adotada, desde que seja fornecido uma maneira do trabalho remoto acontecer com segurança, performance e disponibilidade adequados.

Apenas 2% das empresas não disponibilizam nenhuma solução de acesso remoto, segundo dados da pesquisa do ILTA.

Ramal remoto – Como mostrado anteriormente, as soluções de telefonia baseadas em *VoIP* já atingiram 94% do mercado. Com este tipo de tecnologia é possível que o usuário tenha o seu ramal do escritório onde quer que ele esteja.

Segurança da informação

Há vários aspectos que precisam ser analisados quando falamos de segurança da informação, pois o tema é bem abrangente. Iremos focar nos itens essenciais e que tenham a ver com o acesso e o trabalho seguro dos usuários no ambiente remoto.

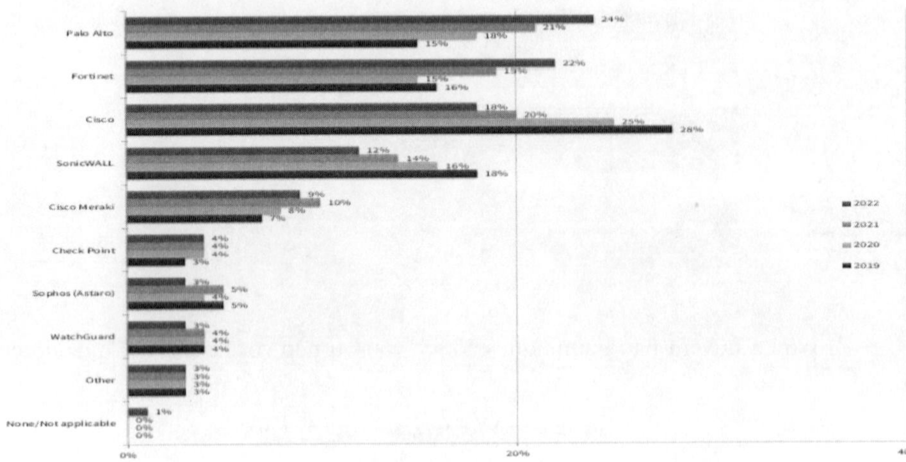

Firewall – Entre outras aplicações, o *firewall* é utilizado para monitorar e gerir o acesso dos usuários ao ambiente corporativo. Na pesquisa do ILTA 100% dos escritórios utilizam alguma solução de *firewall* para esta finalidade.

Controle de pragas digitais – Existem inúmeras formas de ameaças digitais, que vão além dos tradicionais vírus, que causam lentidão ou até indisponibilidade de computadores ou dispositivos móveis. Hoje temos também ciberataques maciços de engenharia social. Algumas das modalidades de ataques mais comumente vistas nos dias de hoje são:

- ***Malware*** – São softwares desenvolvidos com a finalidade de causar algum prejuízo ao alvo. Normalmente o objetivo é roubar dados confidenciais gravados nos seus dispositivos, encriptar ou destruir seus dados ou documentos e até espionar seus hábitos.
- ***Phishing*** – na tradução livre seria "pescaria" e é um tipo de ataque cibernético de engenharia social, onde o golpista se faz passar por uma "figura confiável"

e fazer com que o alvo execute um comando para o invasor. Alguns objetivos comuns de um ataque de *phishing* são:

- Ter acesso ao seu ambiente corporativo e efetuar um ataque cibernético do tipo ***Ransomware*** (este ***malware*** é utilizado para encriptar dados e documentos que a pessoa atacada tenha acesso e posteriormente um resgate, normalmente em criptomoedas, é cobrado para que os documentos e dados sejam reestabelecidos);
- Obter acesso a informações confidenciais;
- Transferir dinheiro ou dar vales-presente aos invasores.

Os ataques de *phishing* comumente usam o método "*spray and pray*", onde os cibercriminosos enviam mensagens genéricas para muitas pessoas, esperando que pelo menos algumas delas sejam "pescadas". Por exemplo um envio de um link malicioso de uma marca confiável.

- ***Vishing*** – variação do *phishing*, porém através de ligações fraudulentas, que costumam ser fáceis de se identificar, pois elas normalmente têm senso de urgência, como transferência de dinheiro ou são relacionadas a solicitação de informações confidenciais, como detalhes da conta bancária. Estes ataques evoluíram e há uma modalidade onde ocorre o envio de um e-mail falso durante a chamada, na tentativa de dar legitimidade à ligação.
- ***Smishing*** – outra variação do *phishing*, mas neste caso usam aplicativos de mensagens de texto, como o aplicativo de SMS padrão do seu telefone ou *WhatsApp*, se passando por marcas legítimas ou pessoas que você conhece. Semelhante ao *vishing*, as mensagens de *smishing* também usam um tom urgência. Geralmente enviam um link com um *malware* ou que direciona a um *site* falso usado para obter dados confidenciais.

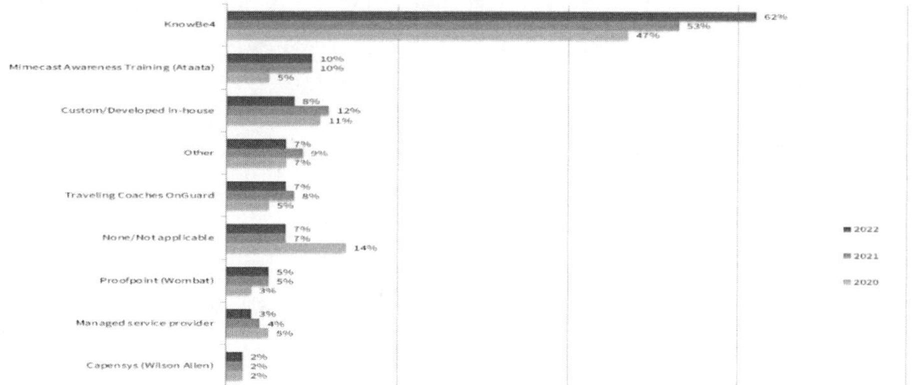

Quando olhamos os dados do ILTA, notamos que as corporações estão investindo de forma significativa no controle de "pragas digitais", chegando a 100% dos ambientes controlados.

Múltiplo Fator de Autenticação (MFA) – Soluções que obrigam o usuário a ter dois ou mais critérios de autenticação para acessar os sistemas corporativos, garantindo que ninguém vai se passar por ele, por conhecer a sua senha de acesso. É bastante comum a implementação também de uma política de senhas fortes associada ao *MFA*, aumentando assim a segurança no momento da conexão à empresa, evitando vazamento de dados ou acesso indevido aos documentos da corporação.

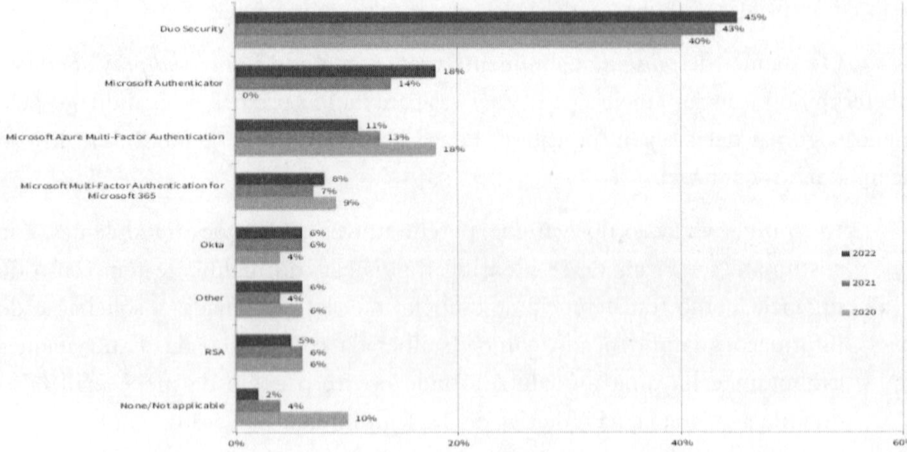

A pesquisa mostra que apenas 2% das empresas ainda não utilizam alguma ferramenta ou produto voltado a autenticação forte ao ambiente.

O objetivo de apresentar os dados desta pesquisa do ILTA é justamente mostrar que o caminho para o mundo corporativo digital já é uma realidade e é essencial para a viabilidade do teletrabalho. As tecnologias abordadas são as mais comumente encontradas e essenciais, porém não são as únicas que favorecem ao trabalho remoto.

Há outras tecnologias disruptivas que podemos citar, sem nos aprofundarmos nos temas.

Inteligência Artificial (IA)

A Inteligência Artificial já é uma realidade em vários segmentos de mercado, com forte tendência de crescimento para os próximos anos. Isso porque essa tecnologia disruptiva é capaz de aprender, deliberar e decidir de forma "racional", dentro de um contexto, oferecendo tomadas de decisões cada vez mais personalizadas e com alto índice de acuracidade. No segmento jurídico, em particular, ainda está numa fase intermediária, mais direcionada à predição e soluções voltadas à jurimetria.

Internet das coisas (*IoT*)

Dispositivos monitorados, tomando decisões e otimizando processos. É fácil visualizar a "internet das coisas" transformando áreas como logística, cuidados médicos à distância e controle de recursos naturais.

Redes de alta performance, como o 5G

Muitas empresas já estão elaborando seus planos de serviços de alta velocidade e baixa latência antes mesmo da disponibilidade total da rede, que chegou ao mercado nacional em 2022.

A promessa do 5G está forçando as organizações a identificar processos que estão prontos para mudanças e garantir que as tecnologias existentes possam atender às demandas da nova rede. Por esse motivo, o 5G está impulsionando a adoção de outras tecnologias, de *edge computing* a *VR* (Realidade Aumentada), já vislumbrando o *metaverso*.

Comunicação Unificada (*UC*)

Podemos dizer o *UC* seria a evolução do *VoIP* combinado a solução de colaboração e produtividade, pois oferece os recursos de telefonia, portais de relacionamento, salas de reuniões virtuais, mensageria e troca segura de documentos.

As ferramentas atuais de *UC* adicionam recursos visuais e de compartilhamento de conteúdo. Desse modo, eles podem melhorar a eficiência das reuniões, além de possibilitar uma participação mais inclusiva e interativa nos ambientes de trabalho, que hoje são altamente distribuídos.

Automação de Processos Robóticos (*RPA*)

A automação de processos robóticos já está trazendo ganhos para muitas empresas. A solução permite delegar tarefas repetitivas à automação.

Finalizando é importante comentar que precisamos estar preparados para atuar num mercado sem fronteiras físicas, totalmente plugado, trabalhando de qualquer lugar, em qualquer horário com todos os requisitos de segurança necessários, e ainda encontrar o equilíbrio correto de consolidação ou de adoção das novas tecnologias, colaborando de significativa para os profissionais do teletrabalho.

2. Importantes aspectos do teletrabalho no *home office*

Como abordado, muitas tecnologias foram fundamentais para acelerar a viabilização do trabalho à distância, porém isto trouxe novos desafios de segurança da informação na relação entre o profissional remoto e seu escritório, que precisam ser avaliadas e tratadas.

Outro aspecto relevante é como manter a produtividade das pessoas em casa, dentro das políticas de trabalho da empresa, e ainda com um padrão de segurança adequado às suas atividades profissionais, envolvendo o uso de internet doméstica, equipamentos pessoais, ambientes físicos compartilhados com outros membros da família e acesso aos dados, documentos e sistemas corporativos.

Para ficar mais fácil e entendermos os principais pontos que precisam ser avaliados e tratados, vamos separar em dois grandes grupos: aspectos domésticos e aspectos corporativos.

Aspectos domésticos

***Link* de internet:**

• O wi-fi e o roteador de internet precisam ter senhas fortes para que não sejam utilizados por terceiros sem autorização.

• Durante o horário de trabalho é importante conscientizar os outros membros da casa quanto ao uso adequado do *link*, de forma que não haja prejuízo na qualidade e velocidade da conexão.

• Monitorar o uso do *link* daquilo que está sendo trafegado de casa para o escritório, durante o acesso ao ambiente corporativo.

Computador e outros dispositivos pessoais:

• **Gestão** – é recomendado que utilizem ferramentas de *MDM* (*Mobile Device Management*) para monitorar, gerenciar e aplicar políticas de segurança nos equipamentos que serão utilizados para acessar o escritório, durante o trabalho.

• **Segurança** – habilitação do firewall do computador, instalação de ferramentas de controle de "pragas digitais" (antivírus, *antimalware, antiphishing*, *ids* e etc.), mantendo as versões mais recentes dos softwares (compatível com as versões do escritório), deixando os pacotes de segurança dos aplicativos e sistema operacional sempre atualizados, além de implementar o Microsoft *NAP* (*Network Access Protection*), ou similar, que garanta que os itens citados estejam de fato atualizados e bem configurados.

• **Perfil de acesso** – sugerimos que o perfil do usuário no computador não seja um usuário "administrador", pois se houver algum problema com vírus, ele não consiga instalar nenhum aplicativo na máquina, sem o conhecimento, evitando diversos problemas de segurança.

• **Senhas** – é recomendado fortemente a utilização de MFA (*Multi-Factor Authentication*) para acessar o computador, ou seja, alguma das diversas ferramentas que permita dois ou mais fatores de autenticação para entrar no seu perfil de acesso — isto também deve ser considerado para acessar as aplicações da empresa.

• **Criptografia** – habilitação de criptografia de disco do computador, pois em caso de roubo ou perda dele, o seu conteúdo não poderá ser acessado por terceiros indevidamente.

• **Dispositivos externos** – o uso ou não de dispositivos externos (*PEN drives*, HD externos e etc.) deve seguir a mesma política de segurança da informação da corporação. Caso seja proibido o uso, durante a conexão ao escritório, é necessária a implementação de soluções MDM para que fiquem inacessíveis, conforme foi citado mais acima.

• **Controle de versões de documentos** – o escritório deve oferecer uma solução de GED (Gerenciamento Eletrônico de Documentos) de forma que toda a produção de documentos seja sempre gravada na rede do escritório, impedindo que os usuários gravem documentos em seus computadores em casa, evitando alguma falha de segurança caso este documento seja acessado por alguém não autorizado, assim como ter um controle efetivo de versões do documento, permitindo um trabalho colaborativo com mais pessoas de forma remota.

Formas de acesso ao escritório:

• **Aplicações *web*** – aplicações baseadas em navegadores (*browsers*), que funcionam diretamente por um link ou página na internet. Elas precisam estar habilitadas com um certificado digital, mitigando o risco de terem seus dados "vazados/capturados" durante o uso delas.

• ***VPN* (*Virtual Private Network*)** – considerada uma das maneiras mais seguras de acessar o ambiente corporativo de forma remota, porém se o computador que estiver sendo utilizado para acessar não estiver com todas as precauções citadas anteriormente, incorrerá num severo risco de segurança, pois haverá a abertura de uma "porta" diretamente de casa para o escritório, sem passar por outros sistemas de controle de segurança de acesso do escritório.

• ***RDS* (*Remote Desktop Services*)** – uma das ferramentas mais comuns para disponibilizar o acesso remoto ao ambiente corporativo, porém uma das maneiras mais inseguras também, caso não estejam bem configurados — tanto os servidores de *RDS*, quanto o ambiente de rede onde eles estão hospedados. Há inúmeros casos de ataque do tipo *ransomware*, aproveitando brechas de configurações do RDS, onde as empresas têm seus servidores, sistemas, dados e documentos "capturados" (encriptados) e os hackers (invasores) pedem resgates elevados em Bitcoin (evitando o rastreamento do pagamento) para "devolver" os acessos aos mesmos.

Atuando em casa:

• Temos conhecimento de alguns casos de reuniões que foram marcadas e havia pessoas não autorizadas participando das mesmas, sem o conhecimento dos demais. Isto pode trazer sérios problemas relacionados a sigilo ou vazamento de informações sensíveis. Recomendamos que sempre utilizem senhas de acesso para as mesmas e que as pessoas habilitem, pelo menos no começo, o vídeo do computador, de forma que todos possam saber exatamente quem está do outro lado, vendo quem está por trás do nome que aparece na tela.

• Quem está atuando em casa pode não ter um espaço de uso exclusivo durante o horário de trabalho, dividindo o ambiente com outros membros da casa. Neste cenário é possível que durante uma reunião virtual, um outro membro pode também estar conectado com outras pessoas on-line, e assuntos delicados podem ser ouvidos por terceiros. Precisamos ter muito cuidado com isso também, pois remete ao mesmo caso citado anteriormente de vazamento de informações sigilosas.

• **Produtividade** – há várias "novidades" no trabalho em casa. Podemos citar: distrações (Netflix, vídeo game, animais de estimação e etc.), mudanças de rotinas, questões de horário, organização do tempo das reuniões virtuais e tratar o que foi combinado nas mesmas, interferência de outros membros da casa, atribuições domésticas e a geladeira. É importante conseguir se organizar dentro deste novo contexto de trabalho para que não haja perda na sua produtividade, mantendo o foco.

• **Trabalho em equipe** – pode ser algo bem desafiador a atuação com o time de forma remota, pois para algumas pessoas pode ser fácil trabalhar de casa e para outras não. Certamente alguns processos precisam ser revistos, além de adoção de tecnologias para ajudar neste novo formato de trabalho. Há vários produtos no mercado, como as diversas salas virtuais, onde os membros do time "entram" durante o horário de trabalho e tratam seus assuntos, como se estivessem sentados no mesmo ambiente. Passando por soluções que, além da sala virtual, disponibilizam o ramal do escritório em casa, e chegando em ferramentas que fazem controle de fluxos das atividades entre as pessoas. Há inúmeras soluções tecnológicas que ajudam, mas sem a revisão de processos e o treinamento das pessoas de como irão atuar, os resultados esperados dificilmente serão alcançados.

Aspectos corporativos

• **Política de segurança** com um capítulo específico para o trabalho em *home office* – muitas empresas possuem políticas de segurança da informação, porém poucas possuem um capítulo específico para o teletrabalho, cobrindo todas as questões citadas anteriormente, nos **Aspectos domésticos**. Aqui todas as questões de políticas de acesso remoto, senhas, disponibilidade de sistemas, permissões dos usuários durante o acesso, monitoramento e gestão devem ser devidamente regulamentadas, e amplamente divulgados, não esquecendo questões ligadas à LGPD.

• Revisão dos processos de trabalho dos profissionais, adequando o trabalho em casa.

• Adequação dos controles para os profissionais celetistas — como bater o ponto remoto.

• Definições de como será o suporte ao usuário em casa — deixando claro de quem são as responsabilidades, destacando o que é da empresa e o que cabe aos usuários. Exemplos:

• O *notebook* que estava emprestado para o trabalho em casa foi danificado. De quem é a responsabilidade de reparar o equipamento?

• O escritório disponibilizou um ramal na casa do trabalhador remoto e ele usou o celular pessoal para fazer ligações internacionais para um cliente, não usando o ramal do escritório. Cabe o reembolso?

• O link de internet do profissional é adequado para o uso doméstico, porém não é adequado para o acesso ao escritório. Quem vai pagar a conta para melhorar o *link*?

• Os aplicativos pessoais têm versões diferentes das do escritório. Quem vai pagar as licenças e as instalações das versões compatíveis?

Muito importante ter clareza de como a nova forma de trabalho se dará e as responsabilidades de cada parte — empresa e colaborador. Tornando-se essencial a capacitação das pessoas no uso das novas tecnologias para o trabalho remoto, dentro das políticas de segurança da empresa sobre o teletrabalho.

O Novo Contrato Social: A Era Digital e o Trabalho Remoto

Yves Moyen[1]

Jean Jacques Rousseau em seu Contrato Social[2] nos lembrou que ceder à força constitui ato de necessidade, não de vontade; quando muito, ato de prudência. O homem na natureza era livre, sem coerções, mas perfectível... tinha em si a capacidade de se desenvolver. Viver em sociedade trouxe ordem e deveres e a necessidade de prestar contas a autoridades, a representantes das leis e dos costumes. Se avançamos em direção à maior ordem, à segurança, à previsibilidade, não o fizemos sem abrir mão de direitos, vontades e liberdades. *No free lunch.*

O contrato social entre indivíduos e a sociedade alterou-se ao longo dos séculos. No ocidente, a industrialização e o liberalismo econômico avançaram ao final do século 19 e marcaram profundamente a relação capital-trabalho, com novos ordenamentos sobre o uso e remuneração da mão de obra, das jornadas de trabalho, das contrapartidas entre empregadores e empregados, dos direitos e deveres na relação empregatícia. A presença física ao trabalho era "dado" e necessário na ausência de tecnologias. Esse legado industrial ainda tem suas marcas nas relações trabalhistas de hoje e permeia nosso modelo mental ao nos defrontarmos com os atuais dilemas sociais, de bem-estar, de criação de riqueza e de justiça na era digital.

Assim, mais cedo do que imaginamos, o recente marco regulatório para o teletrabalho no Brasil tornar-se-á obsoleto. É um imperativo revisitarmos as premissas, crenças e "verdades" que moldaram o trabalho nas eras pré-digitais — à luz do surgimento de tecnologias disruptivas, das novas gerações de trabalhadores e seus valores, das novas espécies de empreendedores na savana digital e de um mundo cada vez mais líquido. A repactuação de um novo contrato social é responsabilidade de todos e é caminho crítico para reduzirmos assimetrias sociais e econômicas, e avançarmos como sociedade mais justa, mais sustentável e mais competitiva.

---

(1) Sócio da iTransform. Professor da Fundação Dom Cabral.

(2) "Do contrato social ou princípios do direito político", Jean-Jacques Rousseau, 1762.

Poucos foram os que não se espantaram com a carta de Elon Musk, CEO da Tesla, aos seus funcionários em 31.05.2022. Nela, Musk ordena a volta imediata dos funcionários ao trabalho presencial com uma jornada mínima de 40 horas semanais no local de trabalho.

Como assim? Na contramão de movimentos de redução da jornada semanal de 40 para 32 horas[(3)], das preocupações crescentes com o bem-estar e saúde mental no trabalho, da busca de novo significado para o tempo e energia que pessoas dispendem todos os dias para gerar sua renda, para sua realização profissional e para "viverem" suas vidas pessoais. A reação de Musk sim destoa — soa como uma atitude autocrática, insensível e opressora. Vejamos sob outra ótica — a do empreendedor ambicioso, convicto e obcecado por sua visão e pelo avanço de seu negócio. Ele associa necessidade de "respirar" o chão de fábrica ao sucesso do negócio — e conecta essa crença ao comprometimento e fidelidade ao futuro da empresa. Foi assim que ele liderou, digamos com sucesso, a Tesla até os dias de hoje. Para ele as restrições de isolamento durante a Covid-19 extraíram mais valor do negócio do que a segurança sanitária poderia devolver. O trabalho remoto para Musk é tratado como exceção e jamais poderia tornar-se regra, convenção. Em sua carta ele diz que irá aceitar excepcionalidades para o não retorno ao local físico. Em sua escala de valores, questões como pais passarem mais tempo com os filhos, redução do tempo em trânsito, receios de contaminação pelo vírus afetando saúde mental, acomodar necessidades de *free lancers* e dos *"gig workers"*[(4)], entre outras, não ocupam o topo da lista de suas preocupações com "gente". Esse comportamento não é tão diferente, asseguro, de gestões e lideranças de Henry Ford, Steve Jobs, Bill Gates, Jeff Bezos ou de Sam Walton. Esses empreendedores e suas crenças empresariais apenas dão maior visibilidade aos conflitos naturais e históricos que emulam entre quem emprega e paga salários, e entre quem trabalha e recebe por isso.

O trabalho remoto vive uma profunda ressignificação e precisamos ir muito além do debate sobre reações dos agentes envolvidos e dos sentimentos que elas evocam.

165 anos separam a carta de Musk e o uso do telégrafo por John Edgard Thompson para gerenciar o "trabalho remoto" em sua ferrovia[(5)] nos EUA. Nesse período, produzimos veículos a combustão em massa, inventamos a penicilina, criamos a cibernética, fomos ao espaço, criamos a internet, estamos construindo cidades "inteligentes"... mas continuamos regulando o trabalho com um misto de vieses tayloristas,

(3) Países que adotaram ou incentivaram a jornada de 4 dias/semana com o mesmo salário – Espanha (piloto de três anos), Islândia, Escócia, Irlanda (piloto iniciado em Janeiro 2022), Nova Zelândia (incentivo), Japão (incentivo), EAU, Bélgica, Lituânia.

(4) Trabalhadores da economia Gig não possuem contratos de trabalho tradicionais com empregadores – *free lancers*, temporários, *part- timers*.

(5)]Penn Railroad, fundada em 1846, na época a maior ferrovia do mundo com 6.000 milhas de extensã.o

do positivismo laboral e da ontologia dos oprimidos. **Sim**, ainda enxergamos organizações majoritariamente como máquinas, expandimos a visão mecanicista para as relações do trabalho, para as relações humanas. **Sim**, cientificamos e normalizamos as relações trabalhistas *ad-nauseum*, embrutecendo e reduzindo interpretações e eliminando subjetividades. **Sim**, exageramos nos movimentos pendulares, nas dicotomias, na necessidade de demonizar lados, no discurso inócuo e raso de elites opressoras versus oprimidos, cultivando terreno fértil para maniqueísmo e polarizações, e para mazelas sociais como o vitimismo e o coitadismo.

Neste difuso e ambíguo ambiente de capital-trabalho, o contrato social derrete e em seu lugar surgem soluções *ad-hoc*, oportunísticas e desconectadas de um todo complexo. Ao comunicar a lei da semana de trabalho de quatro dias em fevereiro de 2022, o primeiro-ministro Belga, Alexander De Croo, afirmou que "*todo funcionário tem o direito de ignorar mensagens de seu empregador após o horário de trabalho*"· Na Holanda, o *home office* deve tornar-se direito legal dos empregados em breve. Segundo o relator da nova lei (a ser ainda aprovada pelo parlamento holandês), o democrata Steven Van Weyenberg, *"para os empregadores, esta também é uma boa lei. Por que um funcionário feliz é um empregador feliz"*. Ora, se o empregador ficar infeliz, terá que convencer a justiça com "raciocínio lógico" de porque a felicidade do funcionário não trará felicidade para a empresa. Leis como essa são *band-aids* necessários para evitar abusos e equilibrar relações empregador-empregado — mas pouco contribuem para a busca de soluções aderentes ao mundo líquido. Esses remendos só aportam alguma virtude se enriquecerem o debate em direção a um novo contrato social — caso contrário, cristalizam ranços e cultivam um ambiente conflituoso. Voltarei neste tema mais adiante.

A regulação do teletrabalho no Brasil foi bem-vinda e trouxe equilíbrio nas relações trabalhistas, inibindo abusos e interpretações difusas. Segundo o **Art. 75-B**, *"considera-se teletrabalho a prestação de serviços preponderantemente fora das dependências do empregador, com a utilização de tecnologias de informação e de comunicação que, por sua natureza, não se constituam como trabalho externo"*.

O marco regulatório de 2017 foi oportuno e trouxe maior segurança e clareza sobre um tema não regulamentado — mas deixou brechas importantes para negociações coletivas ou individuais: (1) os empregados não são submetidos ao controle de jornada e não terão direito ao recebimento de horas extras (2) A lei não especificou quem deverá arcar com as despesas relacionadas à aquisição, manutenção e fornecimento dos equipamentos necessários para o trabalho — tecnológicos ou referentes à infraestrutura.

Portanto, fica evidente pela não exaustividade judiciária, que a responsabilidade de avançarmos com as práticas do teletrabalho reside sobre empregadores e empregados — este debate exigirá visão, maturidade e a capacidade de exercer concessões, de ambos os lados.

Mas a tecnologia não é só meio para exercer o teletrabalho — é também indutor de novos comportamentos sociais e profissionais, de um novo jeito de trabalhar, aprender e viver. Precisamos então reconhecer este duplo papel da tecnologia no trabalho, presencial ou não — o **viabilizador** (como fazemos) e o **transformador** (o que fazemos).

Para potencializarmos esses papéis da tecnologia, será necessário **um novo arcabouço conceitual**, sintonizado e aderente a um leque amplo de questões transformacionais da sociedade, entre elas:

- **Tendências Sociais** – demográficas, geracionais e de saúde & bem-estar;
- **Tendências do Trabalho** – significação, ubiquidade, *gig economy, startups,* novas ocupações, organizações líquidas, nomadismo digital, *anywhere office;*
- **Tecnologias Emergentes** – 5G, automação, RPA, algoritmos, IA, realidade virtual, metaverso, veículos autônomos.

Tendências Sociais

As **gerações Z e milênio**(6) representam hoje 49% da força global de trabalho e irão representar **72% dos 3.5 bilhões de trabalhadores em 2030**. Ambas estão regularmente estressadas e ansiosas. As preocupações com o **custo de vida e a segurança financeira** lideram os motivos do *stress* – o que explica parcialmente a busca por melhores salários. Essas gerações também mudam de emprego com mais frequência — **40%** da geração Z afirma querer **mudar de emprego** em menos de dois anos. Em recente pesquisa global da Deloitte(7), **49%** e **45%** das gerações Z e milênio, afirmaram, respectivamente, trabalhar remotamente em algum momento da semana. **75%** disseram preferir o modo de **trabalho híbrido** (presencial e remoto), sendo as principais razões, economizar dinheiro, liberar tempo para outras atividades e ter mais tempo para a família. Aqui vale aprofundar. **1/3 da geração Z** afirma que o trabalho remoto permitiu que economizassem dinheiro e 15% diz que trabalhar remotamente permitiu que morassem mais afastados do local de trabalho. O trabalho remoto tem sido também "vento de cauda" e conveniente para que essas gerações gerem **renda extra com empregos adicionais** — 40% afirmaram que só conseguiram esse benefício por que praticavam trabalho remoto em seu principal emprego. Na outra ponta, em 60 anos (1960 a 2020), a **expectativa de vida** aumentou de 51 para 72 anos para os homens, e de 54 para 75 anos para as mulheres. Em 2030, as mulheres Sul-Coreanas terão expectativa de vida de 90 anos, e em 2075, a expectativa média global subirá para 80 anos de vida (dos 72 anos em 2022). O impacto social e econômico será relevante

(6) Geração Z (>1997), Milênio (1981<x<1996); Fonte: Anita Lettink, NGA, 9/2019.

(7) Fonte: Striving for balance, advocating for change — The Deloitte Global 2022 Gen Z & Millenials Survey.

— e se fará necessário pensar e criar **"ocupações" para os novos idosos** — em contraposição do atual etarismo, virá um renascimento do papel dos idosos para a sociedade, viabilizado por novas formas de trabalho (principalmente remoto) e novas formas de distribuição do conhecimento.

A **migração de empregos** para novos *hubs* econômicos trará desafios profundos para a empregabilidade. Estima-se(8) que 180 milhões de europeus (40% da população europeia) irão morar em regiões com oferta de trabalho decrescente em 2030 — ou seja, o trabalho remoto deverá ser solução vital para que muitos não fiquem sem emprego.

A emergência do ***"coliving"***(9) como solução de moradia endereça preocupações das gerações Z e milênio — o custo de vida, a flexibilidade, a sustentabilidade, a solidão e viver com pessoas que comungam de interesses comuns e afinidades.

Soluções para melhorar a saúde mental, para gerenciar o stress, de finanças pessoais, de telemedicina, de meditação e *mindfulness* crescem e passam a integrar programas de benefícios corporativos, para dar conta do crescimento de *burnouts*(10), depressões e perda de saúde mental. O mercado global de ***wellness*** alcançou US$ 70 bilhões/ano em 2022, sendo em sua maior parte na Europa e América do Norte e deve alcançar US$ 100 bilhões/ano em 2029(11).

Estima-se que hoje somente **10% dos trabalhadores globais** tem acesso a algum programa de bem-estar em suas empresas — e que há redução de **10 a 15% do PIB global** anualmente devido a perda de bem-estar(12) da força de trabalho.

Em resumo, as ***tendências sociais*** na era digital são estruturantes e impactam profundamente o futuro do trabalho — as empresas e os trabalhadores. Para os últimos, fica a necessidade de ressignificação do trabalho, colocando em xeque as premissas do requerimento da presença física, de como, quando e por quem o trabalho é desempenhado — reflexão que demanda necessariamente **mudança e amadurecimento de modelo mental** sobre direitos e deveres, capaz de tracionar um novo contrato social. Para as organizações, é um imperativo incorporar os conceitos de bem-estar, de flexibilidade, de autonomia e confiança, de inclusão e de experiência do colaborador — não somente circunscrito ao ambiente e horários de trabalho, mas 24x7 *anywhere* —

---

(8) Fonte: McKinsey, The Future of Work in Europe, Junho 2020.

(9) Moradia coletiva é um conceito que engloba senso de comunidade, sustentabilidade e economia colaborativa — um tipo de comunidade intencional que fornece moradia compartilhada para pessoas com afinidades e intenções similares.

(10) 49% dos empregados sentem algum nível *burnout*. Fonte: McKinsey, Reimagine Work: Employee Survey, Abril 2021 (n=5.043 funcionários na América Latina, EUA, Europa, Ásia e Austrália).

(11) DataBridge Market Research.

(12) Unwellness no trabalho inclui doenças crônicas, lesões, stress e desengajamento; Fonte: The Global Wellness Economy: Looking Beyond COVID, 2021.

em todas as políticas empresariais — reconhecendo talentos como **pessoas "inteiras" com individualidades**, afastando-se de vez da noção mecanicista e pouco humanizada que norteou as relações empregador-empregado no século passado.

Tendências do trabalho

A Europa terá 86 milhões de empregos a menos em 2030 por conta da automação[13] e impacto da Covid-19, saindo de 230MM para 144MM de empregos — e ganhará apenas 16 milhões de novos empregos principalmente em atividades que exijam habilidades STEM[14], na saúde, na educação e na economia circular, totalizando uma força de trabalho de 163MM, 71% da que era em 2018. Uma mudança estrutural na oferta e natureza das ocupações. Teremos 236.000 analistas financeiros a menos até 2025[15] — sua função vem sendo exercidas por robôs e algoritmos, diga-se, com maior velocidade e qualidade. As agências bancárias que sobrarem terão apenas 4 funcionários, em média, em 2030. Então teremos a eliminação de ocupações com alta/média intensidade manual e de repetições, e simultaneamente, a migração do trabalho para funções que exijam maior cognição, mais criatividade, melhor julgamento e poder de decisão.

Em outra frente, a pandemia de Covid-9 acelerou significativamente o crescimento da ***Gig Economy*** e o mundo já conta com 1,1 bilhão de *free-lancers*, trabalhadores temporários e *part-timers*, e irá girar globalmente US$455 bilhões em 2023[16]. Nos EUA, 4 em cada 5 empresas planejam aumentar o uso de *gig workers*, buscando benefícios de acesso a *expertise*, de maior flexibilidade contratual, de menor custo laboral e de menor complexidade na gestão de carreiras.

Por conta das tendências sociais descritas anteriormente, essas funções serão desempenhadas com ubiquidade crescente, expandindo a adoção do WFA (*work from anywhere*)[17]. Neste contexto, o **nomadismo digital**[18] crescerá ainda mais, oferecendo às empresas uma mão de obra mais flexível, com mais habilidades/especializações, mais profissionalizada e com crescente qualidade de conectividade. Em 2035, **1 em cada 3 trabalhadores será um nômade digital** — será necessária uma simbiose, um novo pacto entre empregadores-nômades que incluirá alta tecnologia, qualidade de entrega e flexibilidade.

---

(13) Fonte: McKinsey, Abril 2020, David Chinn, Julia Klier, Sebastian Stern, Sahit Tesfu, Safeguarding lives and livelihoods; Mitigating the employment impact of Covid-19; Eurostat, Oxford Economics.

(14) STEM: Science, Technology, Engineering e Mathematics.

(15) Fonte: Opimas, 2017.

(16) *WFA — Work from Anywhere ou Anywhere Office*, é a tendência de trabalhar de qualquer lugar e executar as tarefas laborais independente de onde o trabalhador estiver.

(17) Fonte: The Global Gig Economy: Capitalizing on a ~$500B Opportunity MasterCard, May 2019.

(18) O Nomadismo Digital é um estilo de vida do século XXI que foi impulsionado pelos nômades digitais, que não possuem casa fixa e utilizam a internet para trabalhar e viajar ao mesmo tempo.

Em resumo, a natureza do **trabalho**, seu significado para as pessoas e como queremos/vamos trabalhar mudaram e continuarão mudando. As tendências sociais, a pandemia de Covid-19 e a disponibilização de tecnologias atuaram como catalisadoras, antecipando padrões e acelerando decisões de empregadores e trabalhadores. O futuro do trabalho já não é mais o mesmo.

Tecnologias emergentes

A emergência de tecnologias digitais tem tornado o mundo ainda mais líquido(19). O impacto das tecnologias emergentes já se faz sentir na forma como trabalhamos, presencial e remotamente. O avanço da internet móvel é notável e começamos a sentir o **efeito do 5G**(20). Em 2030, estima-se que o 5G irá incluir 262 milhões de crianças e jovens que hoje não frequentam escolas, viabilizar 23 milhões de empregos, revolucionar cidades inteligentes ampliando exponencialmente a adoção de sensores IoT, acelerar o avanço e uso de veículos autônomos. O *"tele-everything"* aproxima-se a passos largos de uma realidade. Segundo a McKinsey, a **telemedicina** poderá eliminar 20% das emergências médicas. Nas telecirurgias (procedimentos realizados remotamente), o cirurgião passará ter melhor controle sobre robôs para realizar uma operação, que hoje ainda implica em maior risco devido à latência do sinal de internet. Desnecessário mencionar as implicações para a governança jurídica do novo *modus operandi* que a telemedicina irá introduzir. Nas **operações fabris e logísticas**, as funções de inspeção e monitoramento podem, em boa parte, serem desempenhadas remotamente graças a tecnologias de **IoT** (internet das coisas), de **realidade estendida (XR)**(21), de **geo-localização** e de **conectividade** que sensorizam/transmitem dados de fábricas inteiras, trilhos ferroviários, *containers*, veículos e equipamentos. Antes improvável, temos agora a função do *"home inspector"* — e veremos migrações do *"office"* para *"anywhere"* em vários setores (ex: monitoramento de ruas na segurança pública poderá ser feita por policiais de qualquer local, a qualquer hora). **XR** irá revolucionar também a experiência do trabalho remoto como conhecemos, adicionando mais formas de interação, de imersão, de realidade holográfica, de produção de atividades e tarefas, de construção de espaços virtuais, amplificando e enriquecendo a comunicação entre pessoas e times. Em 2030, teremos 100 milhões de **veículos autônomos** no mundo, representando 12% do total de registros de veículos — muitos se tornarão "escritórios

---

(19) A modernidade líquida foi um conceito cunhado por Zigmunt Bauman, pensador polonês (1925-2017), "um mundo repleto de sinais confusos, propenso a mudar com rapidez e de forma imprevisível".

(20) A **rede 5G** é a quinta geração das redes móveis e de banda larga — uma rede mais potente e veloz nos *uploads* e *downloads*, além de ser "inteligente", causa menos impacto ao meio ambiente, consumindo até 90% menos energia que as redes 4G atuais.

(21) *Extended reality* (XR), ou realidade estendida, é o conceito que define os ambientes que combinam elementos reais e virtuais, assim como as interações entre homem e máquina. É dentro do guarda-chuva da realidade estendida que está, por exemplo, a realidade virtual (VR), aumentada (AR) e outras experiências imersivas.

móveis", eliminando tempo desperdiçado em locomoções, e criando mais um espaço de trabalho remoto. O uso do **metaverso** deverá aumentar a qualidade das reuniões de trabalho, colocando as pessoas (através de seus avatares) dentro de um mesmo espaço virtual, independentemente de onde estejam — possibilitando inclusive interações antes improváveis de acontecer (ex: encontro do CEO global com todos os operários de uma fábrica). Esse espaço virtual não ficará limitado ao que escritórios tradicionais oferecem — mas terão potencial ilimitado para receber conteúdo, *expertise* e ferramentas. Segundo a Meta, *"o metaverso dará aos trabalhadores a chance de observar, estar ao lado e aprender com os melhores profissionais de cada campo"*. As tecnologias de VR e AR possibilitarão a criação do **"escritório infinito"**, permitindo que levemos conosco a configuração de trabalho perfeita, aonde quer que formos. Também irão permitir o avanço do aprendizado com imersões entre alunos e professores, entre novatos e instrutores, viajando por dentro de um corpo humano ou flutuando sobre plantas arquitetônicas. **Bill Gates prevê** que até 2025, a maior parte das reuniões de trabalho remotas migrarão do 2D nas telas para o 3D no metaverso — a ver a evolução do *hardware*, da qualidade dos "metaversos" e das culturas organizacionais.

Essas tecnologias disruptivas irão certamente reduzir várias lacunas e debilidades atualmente associadas ao trabalho remoto, e amplificar a potência dos relacionamentos remotos.

O Novo Contrato Social

O mundo líquido impõe mudanças profundas à sociedade — de como vivemos, de como trabalhamos, de como colaboramos, de como consumimos. O surgimento de tecnologias disruptivas nos oferece o progresso por um lado, mas nos impõe novos dilemas éticos por outro. Ao visualizarmos as centenas de milhões de empregos que estão desaparecendo por conta da automação, da robótica e da inteligência artificial (IA), e constatarmos os anos para capacitarmos uma força de trabalho despreparada para a era digital, não há como não sentir desalento. Bill Gates propôs taxarmos os robôs para criarmos uma rede de segurança social para os desempregados. Em 2017, Mark Zuckerberg clamou por um novo contrato social, inspirado por novos propósitos. Fica patente que mais cedo do que imaginamos, a atual legislação do (tele) trabalho tornar-se-á obsoleta — por que um novo contrato social irá demandar outro modelo mental de quem emprega e de quem trabalha, irá requerer um novo arcabouço regulatório. Será um imperativo reconectar quem emprega e quem trabalha, viabilizando a redução do abismo de perspectivas, inclusive sobre a prática de trabalho remoto — ver figura 1 — enquanto no futuro apenas 30% dos empregados querem trabalhar presencialmente no máximo 2 (dois) dias/semana, esse é o desejo de 88% dos empregadores.

Fonte: McKinsey, CxO survey On Return to Workplace, 504 executivos C-level em Maio, 2021; How often you want to work from home in the future? Reimagine Work – 5.043 empregados, jan. 2021; gráfico por Yves Moyen, ago. 2022.

Minouche Shafik, diretora *da London School of Economics & Political Science*, propõe um novo contrato social ancorado em três pilares — **segurança** (reequilibrar papéis dos agentes para alcançarmos segurança laboral mínima para todos os trabalhadores), **risco compartilhado** (impacto de choques econômicos, pandemias, crises globais, automação sobre o emprego) e **oportunidade** (ao darmos para mais pessoas a oportunidade de utilizarem seus talentos e contribuir, reduzimos a necessidade de assistencialismos e redistribuição de recursos mais a frente). Eu adicionaria a esses pilares a **capacidade, abertura e mobilização de líderes** para debater genuína e abertamente as mudanças estruturais da sociedade, do trabalho e de tecnologias — criando o ambiente necessário para encontrar novas soluções e novos caminhos para a repactuação do novo contrato social. Uma **visão compartilhada** sobre o futuro do trabalho, que irá reconhecer as assimetrias, as diferentes realidades e prioridades de sociedades (e não as utilizará como desculpa para não agir, para criar soluções subótimas e insustentáveis) — um fio condutor para nortear o novo pacto entre quem emprega e quem trabalha.

O capitalismo como conhecemos morreu — vítima de sua inexorável obsolescência. Mas como Schumpeter(22) diria, bem-vinda destruição criativa! Temos a oportunidade de construirmos um novo capítulo civilizatório, simbiótico com e impulsionado pelo avanço tecnológico exponencial e sustentado por um novo contrato social construído sob bases de maior consciência, de maior inclusão, de mais sustentabilidade e de maior humanização.

(22) Joseph Alois *Schumpeter* (1883-1950) foi um economista e cientista político austríaco, conhecido pelo conceito de destrução criativa aplicada às transformações do capitalismo.

Colaboração no Teletrabalho

Fernando Angelieri[(1)]

Resumo: Durante a pandemia, com todos os colaboradores distantes fisicamente uns dos outros, ficou claro quão maduro, ou não, estavam os processos corporativos e soluções de colaboração.

Este capítulo tenta relembrar um pouco a evolução das soluções de compartilhamento de trabalhos na era da informática, a internet no Brasil e como chegamos até aqui. Também falaremos de como usamos na prática soluções colaborativas de trabalho para os colaboradores da TWO já que operamos 100% de forma remota.

Um pouco de história

Acho que nada melhor do que falar de condições hipotéticas sobre soluções de colaboração, é usar exemplos reais e um pouco de experiência que já vivenciei. Para isso preciso relembrar um pouco como estávamos a 20-30 atrás para entendermos um pouco de nossa situação atual em 2022.

Por volta de 1998 desenvolvemos uma solução de GED. O Gerenciado Eletrônico de Documentos, ou GED, era a nova onda na expectativa de redução de uso de papel. Era uma época em que as empresas já estavam iniciando seus processos em meios digitais, mas ainda dependiam dos meios físicos para suporte como por exemplo um carimbo, uma assinatura ou mesmo um complemento em escrita, como um formulário preenchido por algum operador. Ou seja, usávamos um editor de textos no computador para redigir um documento ou formulário, mas com a única finalidade de imprimi-lo e usar o papel como suporte do processo.

Os programas de GED possuíam mais uma finalidade de auditoria do que de compartilhamento, ou seja, aquele papel, ao invés de ficar armazenado em uma pasta

(1) Diretor de tecnologia da SOBRATT (Sociedade Brasileira de Teletrabalho e Teleatividades). Consultor do GCONTT em implementação de projetos de teletrabalho e sócio fundador da TradingWorks — TWO, solução em nuvem com foco na gestão de pessoas. Com quase de 30 anos de experiência na área de TI, atuou em grandes empresas como Accenture e Microsoft. Formado em Processamento de Dados com master em Gestão Estratégica de TI pela FIAP e master em Administração pela FVG.

e armários físicos, ele era digitalizado e disponibilizado na rede da empresa, num processo indexado para facilitar sua pesquisa. O documento físico então podia ser armazenado em um lugar de menor custo e sem necessidade de recuperação constante. A facilidade dos softwares GED e posteriormente o acesso internet, permitiram que empresas de armazenagens de documentos expandissem seus negócios, além de armazenar fisicamente os documentos em áreas mais distantes dos centros urbanos pois não mais dependia do transporte físico do documento até o seu solicitante, podendo somente com a imagem digitalizada suprir a necessidade final do negócio da empresa.

Com GED ou sem GED, servidores de arquivo eram os grandes compartilhadores de documentos. Nas grandes empresas isso era de certa forma estruturado e organizado, mas em poucos anos os "diretórios/departamentos" já estavam desorganizados e contendo vários documentos supérfluos, redundantes ou duplicados. Em empresas menores, o caos era maior, com documentos armazenados nos computadores locais (sem nenhum nível de backup) e ainda eram compartilhados com os colegas para "facilitar" o trabalho. Vale lembrar que as empresas pequenas dificilmente possuíam uma rede conectando seus computadores o que tornava comum o "compartilhamento" de documentos através dos disquetes.

Outra alternativa que começou a ser viável foram os *"pen drives"*, com seus custos diminuindo, era comum pedir ao colega aquela planilha ou contrato, "espetando" o *"pen drive"* na porta USB do computador do colega.

Tanto o disquete quanto o pen drive também se tornaram comuns nas empresas quando a área de segurança impunha certas restrições de acesso aos servidores de arquivo, ou mesmo, da complexidade de se liberar o acesso para uma determinada equipe. Complexidade ou rigorismo extremo que ao invés de aumentar a segurança da empresa, acabou em diminuí-la, dado à criatividade dos colaboradores em encontrar outras formas de colaboração.

Stuxnet

O nome é estranho e mais estranho ainda sua função. O Stuxnet foi um vírus criado com um propósito único, infectar computadores que controlavam máquinas de processamento de urânio, em específico, os modelos usados pelo governo do Irã.

O que este vírus tem relação com soluções de colaboração? Bem, as máquinas que eles infectavam estavam "protegidas", fora das redes de dados ou mesmo da internet.

Especula-se que operadores da usina de refinamento do Irã provavelmente infectaram os computadores das máquinas de refinamento através de um *"pen drive"* infectado propositadamente por um membro de governo inimigo para destruir suas máquinas de refinamento de urânio.

Mas como um vírus pode destruir máquinas? Este vírus tinha a intenção de encobrir a real velocidade que as máquinas operavam. Para se ter uma ideia, seu carro opera com rotações da faixa de 3.000 RPM, estas máquinas operam na casa dos 150.000 RPM. Ao informar que elas estavam rodando lentas, o operador aumentou sua velocidade até a ruptura dos equipamentos.

Até hoje especula-se quem foi o autor.

Este é apenas um exemplo real de como o compartilhamento de documentos usando disquetes e pen drives se tornou um sério problemas para as empresas.

O USB facilitou muito para as áreas de negócio se "comunicarem", entretanto ele era muito mais agressivo do que o disquete em termos de infecção pois para um disquete infectar outro computador, você tinha que executar um programa ou um arquivo malicioso, então havia uma possibilidade de usar um disquete contendo um arquivo com vírus, mas o arquivo selecionado estava livre. Já com o USB era diferente, os hackers perceberam que havia uma falha estrutural e a usaram, ao simplesmente conectar o *pen drive* ao computador, ele já o infectava, independente de ter aberto algum arquivo ou não.

Pandemia de bits e bytes

O pânico gerado foi o mesmo que experimentamos na pandemia da Covid-19 e a solução foi idêntica, bloquear todas as possibilidades de uso de disquetes e memórias externas. *Lockdown* total independente de outras questões ou necessidades de negócio. O lema era bloquear leitores de CD, disquetes e portas USB, muitas vezes este bloqueio era feito de forma física onde o técnico de TI abria o equipamento e removia os cabos de conexão, em outras havia um nível de sofisticação mais avançado que permitia através de softwares administrativos o controle remoto dos equipamentos. Nem preciso falar que isso fomentou um novo negócio no desenvolvimento de ferramentas de administração de parques de máquina de forma remota.

O problema da transmissão sistêmica foi resolvido, entretanto nos anos 2000 já era comum as pessoas terem computadores em suas residências (cenário brasileiro) e muitos já estavam acostumados a levar o trabalho para casa para "terminar o relatório" e este tipo de lockdown acabou limitando este teletrabalho informal.

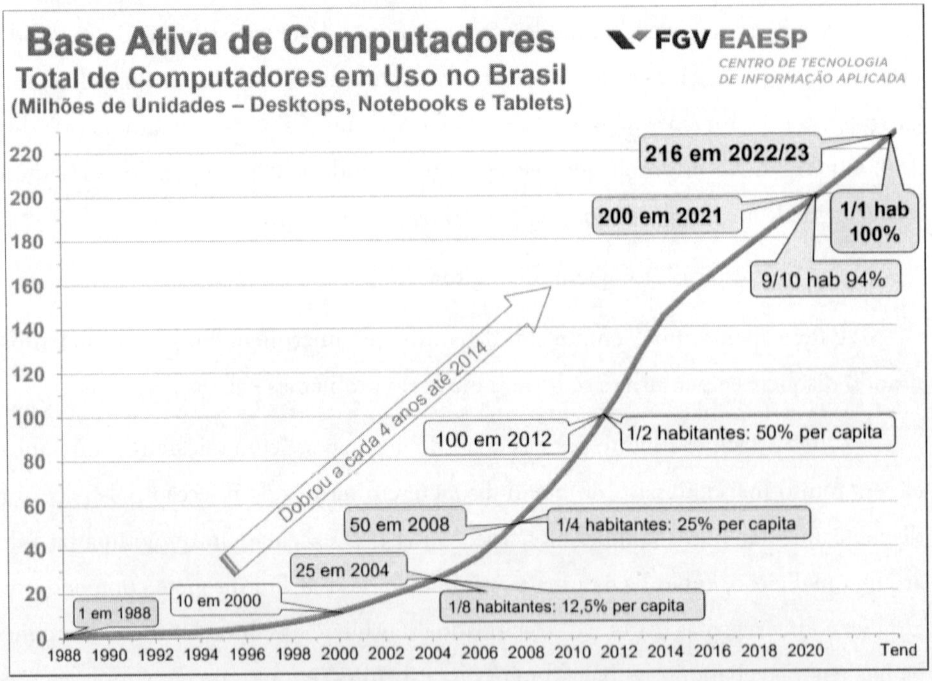

Figura 1 – Fonte: Estudo da FGV EAESP – Prof. Fernando S. Meirelles – 2022.

Por um lado, melhoramos a segurança da empresa, por outro deixamos os departamentos estanques pois os servidores de arquivo possuem bastante complexidade de gestão de segurança para equipes mistas e nenhum processo para compartilhamento *ad-hoc*/pontual.

Assim como os laboratórios farmacêuticos estudam novas formas de detectar e combater doenças, os laboratórios "eletrônicos" seguem o mesmo processo, estudando formas de detectar arquivos comprometidos, removendo o vírus ou em caso de impossibilidade, não autorizando que o arquivo seja executado.

Com estas melhoras de detecção e prevenção as áreas de segurança das empresas passaram a ser menos rigorosas com os bloqueios e aos poucos foram novamente liberando acessos à dispositivos de memória externa (HD externo, *pen drive* etc.).

E-mail

O *e-mail* tem uma história interessante no uso de compartilhamento de documentos. Ele não poderia deixar de ser mais uma ferramenta de contorno ao compartilhamento de documentos/informações. Ser humano precisando compartilhar informação é como a água de um rio procurando o oceano, sempre vai fazer o seu caminho, por mais tortuoso que seja.

Grandes empresas já possuíam *e-mail* para uso interno dos funcionários, mesmo antes desta comunicação estar exposta à internet, isso mesmo, as empresas possuíam *e-mail* apenas para comunicação interna.

Com a possibilidade de anexar documentos, o e-mail se tornou uma ferramenta até que eficiente e usada ainda hoje para compartilhar documentos e informações. O problema é que as soluções de e-mail não foram criadas para esta finalidade primária pois um simples e-mail compartilhando um documento para um grupo de 100 pessoas, ocupava 100 vezes o espaço nos servidores da empresa. Então um inofensivo *e-mail* contendo uma apresentação do novo produto da empresa gerava um transtorno para a equipe de TI com o espaço adicional gerado.

Lembro-me em 2002 quando tivemos um problema com uma solução de portal que atendia 15.000 colaboradores de uma empresa. O banco de dados era de estonteantes 20 Gb e precisávamos enviar este banco ao fornecedor do software para identificar uma anomalia. Levamos aproximadamente 3 dias para fazer o envio via internet. Para quem é leigo em TI, uma simples foto de seu celular consome mais de 5 Mb, um vídeo, mais de 100 Mb, ou seja, uma férias com a família em 2022 consume mais dados que uma corporação de 15.000 colaboradores.

É importante recordar como eram escassos e caros os recursos tecnológicos e compreender os motivos de que a TI se viu novamente numa caçada de gato e rato, implementando cotas de envio, cotas de caixa postal e até que tipos de documentos poderiam ser anexados ou recebidos. Para se ter uma ideia, um computador no final dos anos 1990 com 3Gb de espaço em disco e 16Mb de memória (lembrando que seu celular deve ter aproximadamente 1.000 vezes mais que isso), custava mais de 30 salários-mínimos. A conversão em valores R$ pode destoar, mas serve como uma boa referência sobre os custos dos equipamentos de TI.

Virada do século 21

Nos anos 2000 no Brasil tudo isso estava junto e misturado, conforme a maturidade das áreas de TI, segurança e processos corporativos. Trocas de documentos através de dispositivos externos (disquetes, *pen drive*, cartão de memória, HD externo), por meio de *e-mails* e servidores de arquivos.

Alguns processos entre fornecedores já começavam a usar um recurso da internet chamado de FTP. Ele permitia que uma pessoa pudesse enviar um grande arquivo para outra pessoa, evitando bloqueios impostos pela TI da empresa nos anexos dos *e-mails*.

Por ser uma operação técnica e um pouco mais elaborada que um simples e-mail, a troca de documentos por FTP acabou se limitando a processos um pouco mais formais das empresas. Entretanto o conceito do uso da internet para compartilhamento de documentos não parou no FTP.

Empresas de tecnologia estavam apostando no boom de investidores e surgiram diversos serviços gratuitos à disposição de colaboradores que estavam sedentos por facilitar o processo de compartilhamento de seu trabalho para com seus colegas. Serviços de *e-mail* gratuitos agora permitiam burlar as cotas impostas pela TI. Mesmo que estes serviços tivessem suas limitações, normalmente eram menos rígidas às que eles estavam tendo pelos sistemas corporativos.

Outra novidade era o compartilhamento de documentos de forma pontual, era quase um FTP, mas agora você não precisava de uma ferramenta específica, era só abrir um *site*, escolher seu documento e pronto, ele gerava um *link* para você enviar a um colega de trabalho.

Tudo muito simples, fácil, rápido e principalmente, sem custos, entretanto há uma linha tênue entre facilidade e segurança, porém, um relatório com as finanças da empresa agora estava armazenado em repositórios externos que a empresa não consegue controlar nem muito menos saber onde estão.

Novamente na caçada de gato e rato a TI começa a bloquear sites de *e-mails* gratuitos e compartilhamento de documentos.

Portais corporativos

Na virada do século 21 as empresas estavam cada vez mais criando seus documentos de forma digital e agora passando a trabalhar seus processos também de forma digital, aumentando ainda mais a pressão na TI para soluções de compartilhamento de documentos e informações.

Neste período começaram a surgir soluções que chamamos *"web based"*, ou seja, você consome usando um simples navegador. Isso não apenas facilitava para a TI em não precisar instalar um novo software no computador de cada colaborador, mas também abria a possibilidade desta informação estar disponível fora das dependências da empresa.

Soluções como por exemplo Lotus Notes já permitia este tipo de acesso remoto, mas era necessário você estar com os *softwares* instalados no computador, em outras palavras, se não estivesse com seu computador, o acesso não seria possível. Estamos falando em uma época onde *notebooks* representavam menos de 10% dos computadores corporativos, portanto ter soluções que rodavam através de um navegador, permitia a flexibilidade tanto desejada ao trabalhador remoto, mesmo que temporariamente remoto.

Ainda não estamos falando em "soluções em nuvem", a internet era considerada muito imatura em questões de segurança e essas soluções *"web based"* rodavam primariamente nos servidores da empresa pois a TI detinha o total controle sobre suas configurações, restrições e principalmente garantia a posse se seus dados.

Estas soluções custavam centenas de milhares de dólares em implantação, licenciamento de software, meses de árduo trabalho, treinamento e mudança de processos. O resultado era aparente e compensador, mas limitava-se à grandes corporações. Médias e pequenas empresas tinham que se limitar aos métodos tradicionais ou arriscar e soluções na internet que ainda não estavam maduras o suficiente.

10 anos de internet

Nos primeiros 10 anos de solidificação da internet no Brasil (2000-2010) ela passou de uma tecnologia que causava mais problemas do que benefícios para um bem estratégico para a empresa.

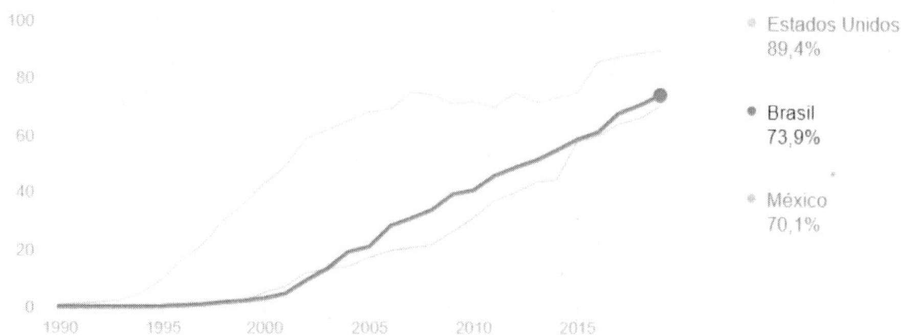

Figura 2: % da população usuário da internet — Fonte Banco Mundial.

Comunicações instantâneas entre fornecedores e clientes ao redor do mundo tornavam os negócios mais ágeis e eficientes. O que antes era feito por telex, telefone e posteriormente por fax, agora nossa comunicação se torna mais simples, dinâmica e rica. Uma foto de alta resolução, um desenho esquemático, um vídeo, poderiam demonstrar um problema num produto ou uma nova solução a ser implementada. Tudo rápido e simples, sem necessidade de *links* dedicados (de alto custo) nem de suporte especializado da equipe de TI.

Por esse mesmo motivo a TI não poderia mais ficar na caçada do gato e rato pois a continuidade dos negócios estava em jogo. Era uma questão de equilíbrio entre segurança e flexibilidade. Seria mais ou menos dizer que não vai viajar de carro pois existem acidentes. O risco deveria então ser calculado, planejado e mitigado.

Neste mesmo período de maturação da internet, vimos surgir uma série de soluções que agora não mais dependiam da infraestrutura local da empresa, ou seja, não precisaria que a TI tivesse todo um projeto e implementação de instalação e disponibilização de um novo software, agora ele poderia ser comprado sob demanda e utilizado praticamente no dia seguinte.

SaaS

O software como serviço (*Software as a Service*) não é necessariamente uma revolução, mas sim uma ruptura de como fazer negócios.

As empresas de software vendiam suas licenças e todo seu modelo comercial e comissionamento de sua cadeia de vendas vinha de um processo de venda de um valor altor e pagamento imediato do comissionamento desta cadeia.

Era muito simples para um representante comercial entender que ao vender $ 1.000,00 ele recebe $ 10,00 por esta venda. E depois de um ano ele retornaria ao cliente para cobrar de sua renovação da licença, geralmente algo como 1/3 do valor original da licença e receber mais uma comissão por isso.

No modelo SaaS há uma ruptura completa deste modelo onde agora o cliente não é mais cobrado de forma imediata e sim mensalmente, conforme seu uso. Então o representante comercial tem uma venda de $ 50,00 e só receberá $ 0,50 pelo seu esforço comercial. Então os fornecedores tem que realizar mudanças nas formas de como monetizar sua cadeia comercial de forma que não pague antecipado suas comissões pois um cliente no modelo SaaS pode terminar seu contrato antes do previsto.

Isso afetou as grandes empresas como IBM, Microsoft e Oracle, pois dado suas complexidades de cadeias de representantes, levaram vários anos nesta transição de oferta de produtos, o que foi extremamente benéfico para o mercado de forma geral, permitindo que pequenas startups entrassem neste nicho de SaaS que estava em plena ebulição.

Grandes investidores também permitiram que estas empresas operassem com valores abaixo do seu custo real, forçando as empresas tradicionais também a diminuírem os custos de seus produtos. Um parêntese aqui, empresas vendendo um produto abaixo do seu custo merece todo um livro à parte e a bolha do ano 2000 e uma "semi-bolha" de 2022 falam por si só, demissões em massa e quebradeira geral.

Uma limitação do SaaS era perante a área de segurança da empresa, questionando quais garantias as empresas teriam em relação à continuidade dos negócios e segurança. Era um questionamento razoável já que o histórico destas empresas jovens era desconhecido, mas com o tempo isso foi se tornando cada vez mais claro e tornando o processo decisório mais controlável. Por outro lado, empresas menores não possuíam área de segurança e não tinham esta preocupação e tornaram-se ávidos consumidores destas soluções.

Últimos 10 anos

Os últimos 10 anos foram caracterizados pela consolidação da maturidade da internet e de novas formas de estar conectado com o trabalho.

Notebooks já começam a ter suas vendas maiores que os *desktops*, permitindo que colaboradores do médio escalão tivessem um equipamento móvel para trabalhar com certa flexibilidade de local.

Por volta de 2005 já existiam os *"smartphones"* entretanto levou quase 10 anos para que realmente estivesse popularizado (principalmente em razão de custos) e com velocidades de acesso que permitiam não apenas enviar uma foto, mas a ponto de transmitir um vídeo em tempo real.

A internet, como nome/tecnologia, se tornou como é o asfalto para o carro, nem pensamos como o asfalto foi produzido e disponibilizado na estrada, ele está lá para que possamos trafegar sobre ele, e reclamamos quando caímos num buraco ou ficamos sem sinal.

Assim como uma estrada, temos internet de todo tipo de qualidade e formato de acesso e assim como o 3G, o 4G ou a fibra-ótica, e não se iluda pois o 5G não será a solução para que você possa estar sempre 100% conectado pois o que importa não é apenas a velocidade, mas sim o nível de cobertura desta rede de dados.

Como exemplo, moro em Porto Feliz, a 100 km da cidade de São Paulo. Em plena Rodovia Castelo Branco é impossível sustentar uma reunião via internet sem diversas interrupções ao longo do trajeto. O 5G não irá resolver e inclusive poderá piorar a comunicação pois são necessárias mais antenas ao longo da rodovia para uma cobertura completa.

A qualidade do sinal internet no Brasil tem ainda um agravante pois há uma regulamentação (Marco Civil da Internet – 2014) que proíbe às empresas provedoras de internet em dar preferências de suas bandas de dados, tecnicamente chamado de *traffic shaping*.

A intenção é muito boa, evitando que um provedor de acesso limite ou bloqueie uma informação que está disponível na internet, por outro lado uma transmissão de dados crítica, em que a empresa poderia pagar a mais para ter este nível de qualidade, está competindo em banda com uma transmissão ao vivo do TikTok ou de um *download* de vídeo game.

Por exemplo uma empresa jornalística poderia contratar um plano específico para seus repórteres a terem uma conexão internet que privilegie a transmissão de vídeo e áudio, mas que não precise de tanta velocidade para baixar um *e-mail*.

Uma empresa do agronegócio poderia contratar sinais via satélite de baixa velocidade, e consequentemente de baixo custo, só para prover o mínimo de comunicação com seus equipamentos, sensores e administração.

Um exemplo são grandes eventos ou aglomeração da população onde serviços até de emergência são interrompidos pois há sobrecarga das antenas das operadoras.

Enfim, temos que trabalhar com as limitações que temos atualmente.

O trabalho remoto forçado

Estamos em 2022 e praticamente já nos esquecemos o que aconteceu com o Brasil em março de 2020 (vou me limitar a tratar de temas corporativos) onde os colaboradores, de um dia para outro tiveram que "trabalhar de casa".

É importante relembrar um fato tão recente pois nosso cérebro tem a capacidade de esquecer de coisas ruins que aconteceram, ainda bem. Por outro lado, nos esquecemos de alguns motivadores ou direcionamentos que tomamos no passado e tendenciamos a cometer os mesmos erros por falta de usar dados históricos ao nosso favor.

Em 2022 toda sorte de ferramentas de compartilhamento foi usada de forma a minimizar os impactos da falta de comunicação entre os colaboradores, tudo que antes era proibido ou limitado pela TI, de um dia para outro foi liberado, comprado ou usado uma versão gratuita.

Colaboradores levaram seus *desktops* para suas casas ou as empresas saíram às pressas alugando ou comprando notebooks.

Para sistemas que não tinham acesso remoto, foram feitas soluções paliativas de espelhamento da estação de trabalho do funcionário na empresa para com seu computador na residência e outras sortes de gambiarras foram feitas a fim de permitir um mínimo de funcionamento das empresas. Itens de segurança básicos foram postos de lado em detrimento do funcionamento da operação.

Um destaque que pode ser dado foi o Zoom, *software* de videoconferência criado em 2013, viu seu uso disseminado de forma totalmente inesperada. Inusitado é que mesmo empresas que possuíam ferramentas corporativas de videoconferência, davam preferência ao uso do Zoom.

O Zoom tinha seus méritos de facilidade de uso e a versão gratuita não possuía muitas restrições. Mesmo existindo outras soluções também gratuitas no mercado, não tiveram tanto apelo aos usuários quanto o Zoom teve. O Zoom teve tanta aceitação que até teve uma palavra criada em seu nome.

Com a falta de conhecimentos em gestão remota das equipes, os gestores tratavam de colocar toda sua equipe "pendurada" em reuniões contínuas de videoconferências a fim de comprovar que estavam efetivamente trabalhando. Mesmo sem culpa direta, o termo *"Zoom fatigue"* foi criado para citar os excessos de conferências, muitas delas desnecessárias.

Acesso à sistemas, *chat*, vídeoconferência, tudo isso foi resolvido emergencialmente, assim como os documentos. Documentos financeiros, relatórios de planejamento, contratos sigilosos, agora estavam sendo armazenados em repositórios pessoais como Google Drive ou OneDrive, onde a TI não conseguia ter visibilidade de quem possuía ou não o acesso a estes documentos.

Em um simples clique numa pasta destas ferramentas, podemos transformar um acesso privado em um acesso público e pesquisável na internet. Para se ter uma ideia do risco, em 2017, o governo federal vazou as senhas de suas redes sociais oficiais ao usar o Google Drive. Foi um simples problema de copiar e colar onde o Portal Brasil fez uma publicação no Twitter sobre um assunto relevante, mas ao colocar o *link* correto, publicou o link de acesso à planilha com as senhas.

Passados 3 anos do início da pandemia e as empresas já voltaram à sua normalidade, ou quase. Os contornos técnicos e de processos que foram tolerados durante a pandemia, acabaram se tornando o padrão de fato, caindo por terra alguns mitos ou receios.

Particularmente por trabalhar em uma empresa de quase 10 anos operando de forma 100% remota, todo o ferramental e processos de colaboração já eram usados, mas o que mais senti no meu dia a dia foram os contratos.

Por nossa questão cultural que necessitamos de um carimbo, uma chancela de uma terceira parte, contratos tinham um longo caminho a ser percorrido. Impressão física do documento, assinatura, reconhecimento em cartório, carimbos, selos etc. Este documento era depois enviado fisicamente por malote, motoboy ou Sedex para as outras partes envolvidas, novamente assinado, carimbado e selado, e devolvido uma versão a cada um dos envolvidos.

No início da pandemia, com a paralização inclusive de correspondências, era comum a "assinatura digitalizada" do tipo, "imprima, assina aí e manda uma foto" (queria poder colocar um *emoji* de risadinha agora aqui no texto. Passamos de um alto processo burocrático, para outro também burocrático, mas um pouco menos custoso. Lembro-me de questionar alguns clientes de ao invés de "assinatura digitalizada", usarmos a assinatura digital padrão ICP-Brasil legalmente aceita no país e foi veementemente negada.

O ICP-Brasil, ou Infraestrutura de Chaves Públicas Brasileira, é uma hierarquia de Autoridades Certificadoras (AC). Mais ou menos como são organizados os cartórios no Brasil, a diferença é que estamos falando de meios digitais. Desde 2006, um documento digital (um documento do Word, um PDF) assinado por um certificado emitido por uma das ACs, é legalmente válido. Trocando em miúdos, você se dirige a até uma AC, comprova seus dados pessoais ou da empresa e recebe um *token* USB (ou um certificado na forma de arquivo) e com isso pode assinar um documento e garantir que foi você quem assinou e que este documento não sofreu alterações após sua assinatura. Um pequeno grande alerta, ao dar este token ao seu contador, também está permitindo que ele assine documentos de forma legal em seu lugar. A maioria dos processos governamentais apenas requerem que você autorize o certificado digital de seu contador, ou seja, permite que seu contador acesse e assine documentos em seu nome ou nome da empresa, portanto esta assinatura é feita com o certificado digital de seu contador.

Assim com a videoconferência, onde as empresas possuíam o ferramental, mas acabaram usando outra solução, na assinatura de contratos o processo foi o mesmo. Soluções de assinatura eletrônica, a exemplo da DocuSign, começaram se tornar o novo padrão para contratos. E mesmo com o retorno das atividades normais dos Correios e cartórios, o novo padrão de assinatura de documentos ficou para valer.

Um parêntese aqui só para explicar as diferenças entre "assinatura digital" e "assinatura eletrônica". Na assinatura digital (padrão ICP-BRASIL) as partes possuem um certificado digital válido para seu CNPJ ou CPF, que quando assinam um documento digital, o torna inviolável. Já na assinatura eletrônica, as partes envolvidas reconhecem como válidos os processos de coleta de aceitação, não necessitando ser via certificado digital sua assinatura.

Outro assunto que ficou para valer foi o teletrabalho (finalmente chegamos no tema do livro). Os colaboradores puderam experimentar o benefício de estar mais próximo da família, não ter os custos de transporte e vestimentas, além de redução substancial nos custos de alimentação (mais impactante nos grandes centros urbanos). A empresa também pode experimentar que o teletrabalho tem seus problemas, mas é perfeitamente factível sua execução, seja de forma parcial ou integral.

Vamos à prática

Quando definimos estratégias de informação para a empresa temos que ter a segurança como ponto focal. Entretanto esta segurança não deve ter um nível igual para toda a empresa.

Usando novamente o carro como analogia, ele é bastante seguro, mas não temos como garantir que nenhum incidente irá ocorrer. Um raspão no para-choque dentro de um estacionamento e um capotamento, são ambos considerados incidentes. A energia para mitigar o raspão provavelmente será maior do que seu reparo. Então temos sempre que equilibrar entre uma segurança aceitável frente à praticidade para uma operação pelos colaboradores da empresa. É tênue, sutil e difícil sua aplicação.

Só para entenderem do que estamos falando, na década de 80 um programador de uma empresa possuía a regalia de trabalhar de sua residência (não, não era internet e sim um link de dados dedicado). Ele operava de um terminal totalmente seguro que não se conectava a nada, nem à uma impressora, entretanto ele usou uma máquina fotográfica para fotografar todas as linhas de código do sistema e o vendeu para um concorrente.

Os mais céticos ao teletrabalho podem estar falando que este problema foi causado por ele estar em sua residência, sim, facilitou, mas ele poderia fazer isso de dentro do seu cubículo estando dentro da empresa, hoje então, com câmeras diminutas, poderia estar gravando reuniões sigilosas sem que ninguém percebesse.

Então não é porque a segurança é relativa que vamos relevá-las, mas pensar em processos onde falhas humanas possam ser mitigadas.

Segurança no *onboarding/offboarding* dos colaboradores

O processo de entrada de um colaborador na empresa quase sempre é lento burocrático e nem sempre eficiente. E quando estamos falando de vários softwares de soluções de colaboração a complexidade é elevada ao quadrado.

Soluções de gestão de projetos, listas de atividades, chat, telefonia, videoconferência, formulários, portais, ERP, CRM etc. Não é apenas a liberação de acesso às ferramentas mas qual o devido nível de acesso em cada uma delas.

Para isso as soluções de colaboração (recomendação para qualquer solução corporativa) devem permitir integração à ferramenta de autenticação da empresa para que a gestão da autenticação seja feita de um único ponto e administrada centralmente, também chamado de Single Sign-On (SSO). O SSO nada mais é que permitir ao colaborador usar seu "*login* de rede" para acessar todos os sistemas da empresa que ele tem permissão. Isso facilita que grupos departamentais e de processos possam ser criados, administrados ou cancelados de forma assertiva.

O SSO é peça fundamental também no momento em que o colaborador deixar a empresa pois ao inativar seu *login*, todos os sistemas que ele tinha acesso também serão revogados. Importante ressaltar que o SSO não é uma bala de prata. Você até pode controlar o ligado/desligado do *login* do colaborador, mas o conteúdo que ele acessa é o principal foco da área da informação.

Caso as soluções não permitam a integração de SSO, a TI e o RH deverão seguir processos muito exatos para garantia da segurança dos dados da empresa, em especial nos casos de desligamento onde é necessário saber todos os sistemas que o colaborador tinha acesso ir em cada um deles removendo suas permissões.

Ferramentas de colaboração

Tentar especificar ou descrever que soluções ou tipos de colaboração é praticamente impossível. O que a 20 anos atrás era considerado como algo "colaborativo", "amigável", atualmente seria considerado "engessado", "pouco flexível". O mesmo se dá pelo tipo de operação que a empresa executa e que tipo de profissionais os consomem. Provavelmente alguém lendo este conteúdo daqui 5 anos poderá pensar o mesmo sobre os próximos tópicos que irei tratar, então ponderem suas considerações à cada momento da tecnologia e de suas possibilidades financeiras para uma empresa e seus colaboradores.

Equipes de uma agência de publicidade pode necessitar de ferramentas totalmente distintas de uma empresa de pesquisas biológicas, seja pelo formato das informações a serem compartilhadas, seja pela cultura que os profissionais estão acostumados, mais formais ou mais informais. O que vou tentar fazer é descrever o que a minha empresa TradingWorks — TWO usa em seu dia a dia.

A TWO é uma empresa 100% *home based* desde 2013, portanto nossas necessidades de comunicação com os colaboradores ao redor do Brasil é um item mandatório.

Existem alguns fornecedores de pacotes de soluções de colaboração em nuvem como Google, Microsoft, IBM e até mesmo a Meta (FaceBook). Normalmente os pacotes de soluções tem menos características que as soluções puro-sangue. É aquela história do pato, que nada, voa e anda, mas nenhuma delas com pleno êxito. Sempre em uma escolha de um produto, você deve ter uma visão holística tais como, governança, segurança, praticidade para administrar, facilidade para quem usa etc. Particularmente nossa empresa adotou o Microsoft 365, mas entenda que esta precisa ser uma decisão conjunta com a área de negócios e com a área da informação.

O que não recomendamos é adotar um tipo de ferramenta de colaboração para cada departamento. Um gestor da área pode ter uma experiência com a ferramenta A, o outro gestor com a ferramenta B. Além da complexidade da administração por parte da TI (no quesito segurança/governança), o custo poderá bem mais alto já que o pagamento é normalmente por quantidade de colaboradores, assim se um novo projeto envolver as duas áreas, você deverá ter o licenciamento para ambas as ferramentas. Planilhas de análise de fornecedor são a maneira mais eficaz para posicionar cada solução às necessidades da empresa de forma quantitativa.

Um modelo que gosto de adotar é o da média ponderada em função de minhas necessidades específicas.

Em uma coluna eu especifico todos os requisitos que são relevantes para a empresa e qual peso esta relevância se aplica. Desta forma um fornecedor que pode ser excepcionalmente bom em um quesito, mas ele é de baixa relevância para a empresa, isso não afetará a tomada de decisão.

Tabela 1: Média Ponderda para fornecedores.

Requisito	Peso	Fornecedor A	Ponderada	Fornecedor B	Ponderada	Fornecedor C	Ponderada
Video conferência com até 50 pessoas	5	3	15	4	20	5	25
Gravação automática	3	5	15	4	12	1	3
Compartilhamento do computador	5	5	25	5	25	5	25
Acessa via celular	4	4	16	3	12	4	16
Integração SSO	5	5	25	5	25	3	15
Sensor de presença	3	4	12	1	3	3	9
Auditoria de palavras-chave	4	2	8	3	12	5	20
Total da avaliação			116		109		113

No exemplo acima poderíamos descartar o fornecedor B com a menor avaliação de 109 pontos, mas a escolha entre o A ou C ainda necessitaria de uma revisão mais detalhada.

Portal de documentos

Portais de colaboração, apesar de já ter completado maioridade pois estão no mercado a mais de 20 anos, ainda é algo pouco utilizado pelas empresas de maneira estruturada.

Os portais não só permitem compartilhas documentos, mas também informações e notificações.

Vou listar alguns itens que acredito serem de muita relevância para o uso corporativo:

- Substitui com vantagens o "servidor de arquivos" tradicional;
- Permite administrar versões de documentos, sem risco de sobrescrever um documento importante ou apagar inadvertidamente um documento ou uma pasta inteira, sem precisar solicitar para a TI retornar um *backup*, e aguardar várias horas ou dias até que o backup seja restaurado;
- Permitir o acesso em qualquer lugar ou plataforma, seja num outro computador, *tablet* ou celular;
- Dá autonomia aos proprietários das áreas para liberação de acesso, mas a TI continua tendo o controle final;
- Criar pequenos portais de projetos ou processos onde documento é apenas uma parte da informação;
- Permitir acesso off-line aos documentos, mesmo se estiver sem internet o colaborador pode continuar seu trabalho.

Para empresas maiores um portal de documentos também deve permitir governança e compliance com certas regras e normas.

Por exemplo ao pegar um documento da área financeira e anexá-lo num *e-mail*, este documento ainda continua atrelado ao perfil de segurança que ele tinha dentro da área financeira do portal, então se por erro ou má fé, este documento foi compartilhado, seu conteúdo ainda continuará restrito e seu conteúdo não poderá ser aberto.

Em um cenário mais complexo onde um membro da equipe de P&D da empresa está enviando um comunicado via e-mail para outras pessoas da empresa. Ao escrever os destinatários, erradamente colocou uma pessoa da área financeira. Segundo a Sarbanes-Oxley (ou simplesmente SOX) este tipo de comunicação entre P&D e Finanças não pode ser permitido ou no mínimo auditado.

Em um nível ainda mais complexo de segurança, podemos aplicar a restrição não apenas ao documento como um todo, mas em partes dele, deixando que o sistema de inteligência artificial mascare dados de um documento. Então o colaborador tem acesso ao documento, mas não pode ver um dado sensível dentro deste documento (um número de cartão de crédito, valor de salário etc.).

Na TWO o nosso portal SharePoint tem áreas departamentais e de processos. As áreas departamentais são liberadas assim que o colaborador entra na empresa, ao inclui-lo nos grupos de sua área. Já os portais de processos são liberados sob demanda pelo responsável de cada processo, e ao invés de ter que solicitar para a TI esta liberação, a própria ferramenta gera um workflow ao responsável pelo processo que define a liberação final.

Chat, voz e vídeo

A solução adotada deve tratar destes 3 assuntos de uma forma única, pois no dia a dia é comum você estar discutindo um assunto que parece ser simples num *chat* mas que se tornou mais complexo e num clique você iniciou a conversa com seu colega.

Outro aspecto importante a ser analisado é quanto ao status de disponibilidade do colaborador em falar. Por exemplo na solução que usamos, o Microsoft Teams, quando há um apontamento em sua agenda, o status fica automaticamente como "ocupado" e quando você entra em uma reunião ele muda para "Não incomodar". Isso facilita para você não ser interrompido durante uma apresentação e dá uma visão para seu colega que você está sendo indelicado, só não está disponível para falar naquele momento.

Compliance e segurança são pontos a serem analisados na escolha da ferramenta de colaboração. O uso indiscriminado pode acarretar processos contra a empresa e uma correta auditoria pode auxiliar neste processo. Por exemplo seus colaboradores estão usando palavras de baixo calão? Há menções sobre práticas desleais? Assédios? Tudo isso, aliado à tecnologias de inteligência artificial é possível monitorar estes eventos sem invadir a privacidade da conversa.

Assim como no presencial, no mundo remoto é necessário observarmos certas regras de boa conduta.

Aqui na TWO adotamos o processo de comunicação assíncrona, ou seja, não fale "bom dia" e aguarde o retorno para só então falar do que se trata. Nossa comunicação no chat é mais ou menos assim "Bom dia, sobre aquele processo x, preciso de uma definição" e a pessoa que recebe a mensagem não é obrigada a responder de forma imediata, permitindo que ela conclua a atividade atual que está executando sem perder sua linha de raciocínio.

Chamar diretamente por voz ou vídeo é altamente desaconselhado por aqui pois se não é uma reunião previamente agendada, ao ter esta interrupção, estou atrapalhando o meu colega de trabalho. Se realmente é um assunto que necessita áudio e vídeo, então previamente é informado via chat desta necessidade e do motivo dela ser feita fora de uma reunião formal. Parece muito burocrático, mas isso evita as interrupções que normalmente acontecem no presencial "tem um minutinho?" ou da clássica "desculpe interromper, mas...".

Outra facilidade adotada é o uso de gravação de reuniões. Se um colaborador não pode participar de uma agenda, ele pode acompanhar o que foi discutido em momento oportuno.

Controle de atividades

Como disse inicialmente, cada tipo de empresa tem sua particularidade nas ferramentas de colaboração. Controlar atividades é um item bastante particular e diverge muito de empresa para empresa e mesmo dentro de cada equipe.

Para os nossos coordenadores temos quadros de atividades genéricas, tipo o conhecido Trello. A solução adotada pela TWO é o Planner que se encontra dentro do pacote do Microsoft 365.

Temos quadros departamentais e quadros por projeto ou processo, normalmente os departamentais estão restritos à pessoas da área e os de projeto já pessoas mistas trabalhando.

Nestes quadros não há definições de atividades pontuais, mas apenas uma visão macro de onde queremos chegar, é o nosso Norte. Estas visões macros podem ser desdobradas em várias atividades, criadas dentro da solução da TWO, para cada um dos colaboradores responsáveis por sua execução.

A equipe de desenvolvimento tem outras necessidades específicas, então uma demanda de desenvolvimento pode vir de um requisito do quadro do Planner, criado uma atividade na TWO para controle de seu consumo e por fim criar itens de trabalho dentro da solução de desenvolvimento chamada *DevOps* de onde é possível rastrear o código fonte gerado da programação com o requisito de negócios solicitado.

Então cada um de nossos colaboradores tem sua carga de trabalho monitorada para fins de análise de eficiência e custos do departamento ou projeto envolvido.

O monitoramento de atividades individuais acredito ser fundamental em qualquer formato do local de trabalho dos colaboradores, por exemplo nossa equipe de suporte é monitorada por uma série de indicadores dos chamados atendidos, muitos destes indicadores são cruzados, por exemplo se o suporte tenta atender um chamado mais rapidamente, ele pode receber uma avaliação de menor qualidade do serviço prestado.

A equipe desenvolvimento é controlado pelo tempo previsto de execução da atividade e da avaliação da qualidade na entrega da demanda.

Ou seja, se nossa equipe estivesse 100% física no escritório, as métricas seriam exatamente as mesmas.

Agendamento

Uma grande dificuldade de você colaborar com integrantes remotos é de encontrar uma vaga em comum nas agendas, correto? No *e-mail* você escreve ao seu parceiro de negócios que dias tais em tais horários há uma disponibilidade. Passados apenas algumas horas e aquelas agendas já não estão mais disponíveis.

Uma solução para isso é o processo de agenda pública, ou seja, seu parceiro é que identifica em sua agenda uma disponibilidade que melhor se encaixe na dele. Na TWO usamos o *Booking* e cito alguns benefícios:

• Pode ser bloqueados eventos próximos um do outro, por exemplo não pode marcar uma reunião com 15 minutos próximo do término de outra;

• Pode-se limitar o tempo da reunião, por exemplo só permite criar agendas de 30 minutos;

• Pode ser criado espaços de reserva, por exemplo para uma preparação para a reunião ou para encerramento da mesma, para o caso de ter que montar um relatório sobre o que foi conversado;

• Possibilita o agendamento de reuniões por skill do profissional, por exemplo criar uma agenda de um pool de recursos, e a disponibilidade geral desta agenda não depende de uma única pessoa, mas qualquer pessoa dentro daquele *pool*;

• O agendamento gera alertas ao solicitante de que a reunião está para começar. Na TWO temos o alerta do dia anterior (um dia antes do compromisso) e uma hora antes. Isso evita um *"no-show"* por parte do solicitante.

Para os agendamentos internos o próprio Outlook nos dá sugestões de dias e horários disponíveis dos participantes.

Assim como no chat e vídeo, as reuniões precisam ter suas regras. Vou citar algumas que adotamos e seus motivos:

- Escopo da reunião – Nada mais frustrante que entrar em uma reunião e seu conteúdo ser diferente do esperado. Escreva sobre o que se trata a reunião, qual seu motivo e o que se espera dela.
- Esteja preparado – Um PPT como apoio é no mínimo fundamental para evitar ficar "caçando" documentos ou informações durante a apresentação e para não esquecer de nenhum tópico necessário. Sim, isso exige preparação, toma o tempo de quem vai apresentar, mas economiza o tempo de várias pessoas que estão participando da reunião.
- Digital em primeiro – Se a reunião for híbrida onde parte do time está fisicamente juntos e parte remota, adote o 100% digital. Não use um quadro branco ou gestos.

Formulários

Formulário é uma forma de criar um documento de forma digital e continuar com seu processo ainda na forma digital, permitindo coletar informações de forma distribuída, gerar estatísticas e relatórios de uma forma muito simples, rápida e segura.

Na TWO usamos o Microsoft Forms de várias formas diferentes, por exemplo o Customer Success usa para coleta de informações em levantamento de uso de nossa solução pelo cliente. O RH usa para coleta de informações para *endomarketing* e para levantamento de detalhes de candidatos para vagas.

Figura 3: Exemplo de gráficos das respostas dos formulários.

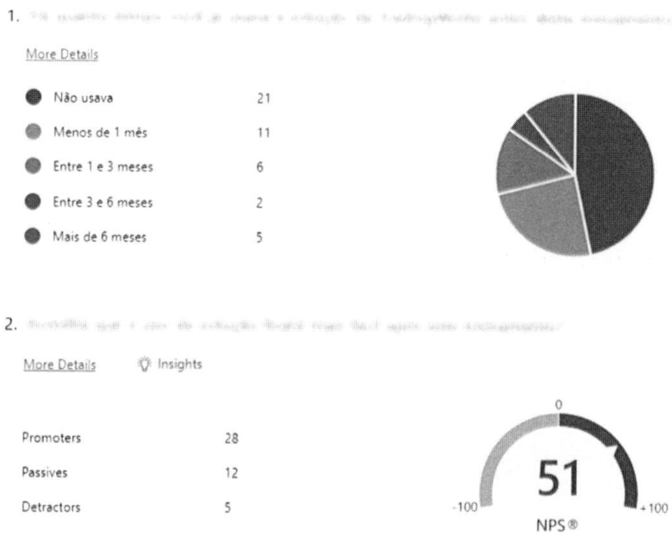

Conclusões

Soluções de colaboração não tem uma relação com o teletrabalho e sim com o dinamismo que a empresa precisa ter para seguir crescendo pois mesmo que seus colaboradores estejam dentro do escritório, geralmente há barreiras físicas entre eles e até momentos e horários distintos de trabalho e a comunicação precisa fluir, além de garantir segurança e governança durante este processo.

Medição da Produtividade no Trabalho Remoto

José Assumpção Rodrigues de Almeida(1)

A medição da produtividade no trabalho foi um esforço posto em prática já no final da revolução industrial, na segunda metade do século XIX, com o objetivo de buscar maior competitividade através da redução de custos e tempo ocioso nas unidades fabris. Essa tendência buscou observar e reduzir ao máximo tudo que não estivesse de acordo com o que se *deveria* fazer para a efetiva produção dos produtos a serem comercializados.

Dentre essas observações poderíamos citar a circulação de pessoas e ferramentas em cada setor da produção, o sequenciamento de todos os procedimentos de cada etapa de produção, o tempo médio de interrupções devido às demandas fisiológicas dos operários, e medidas para coibir estas demandas para que fossem executadas no limite do razoável. Todas essas métricas estão presentes nos dias atuais, atendendo outros requisitos exigidos hoje e que não eram observados no século XIX, como a ergonomia e a ginástica laboral, para citar alguns.

---

(1) Possui mestrado em Engenharia de Produção pela Universidade de São Paulo - USP (2009) e graduação em Engenharia de Produção pela Universidade de São Paulo - USP (2006). Atualmente é Superintendente de Tecnologia da Informação da Agência Nacional de Aviação Civil — ANAC (2021-presente), e instrutor das disciplinas de Gestão de Processos com Foco em Inovação (2017-presente) e Análise e Melhoria de Processos (2012-presente) da Escola Nacional de Administração Pública — ENAP. Possui cargo efetivo de Especialista em Regulação de Aviação Civil da ANAC (2010-presente). Anteriormente foi Gerente de Sistemas e Informações da Superintendência de Tecnologia da Informação da ANAC (2018-2021), Gerente Técnico de Escritório de Processos (2015-2018) e Gerente Técnico de Planejamento Institucional (2014-2015) da Superintendência de Planejamento Institucional da ANAC e Gerente Técnico de Processos e Capacitação (2012-2014) da Superintendência de Infraestrutura Aeroportuária da ANAC. Também foi professor da Universidade Estadual Júlio de Mesquita Filho - UNESP (2008-2009), Gerente de Projetos de Manufatura Enxuta (2007-2009) da Proenx Consultoria e Treinamento Empresarial e Coordenador de Projetos de Manufatura Enxuta (2006-2007) da Hominiss Lean Consulting. Tem experiência na área de Engenharia de Software, Gestão de Processos, Fluxos de Informação, Melhoria Organizacional, Desenvolvimento de Sistemas, Lean Office, Governança de Dados, Gestão por Competências e Regulação Pública.

A necessidade de medição da produtividade logo foi adaptada para o ambiente de escritório, cujo trabalho é mais intelectual e cuja medição é um pouco menos direta e mais difícil de ser realizada. Ao invés de medir cada atividade, media-se o resultado final, e com isso, aferia-se a produtividade. Exemplos de medição desse tipo de trabalho são: quantidade de vendas feitas por mês e quantidade de relatórios criados por mês.

A principal dificuldade da medição em ambientes de escritório advém do fato que, diferentemente do ambiente fabril, cada produto (relatório ou venda, no exemplo acima) é diferente, e, portanto, exige uma quantidade de esforço diferente em cada caso. Quem produziu mais, uma pessoa que fez dez vendas difíceis, ou uma que fez 30 vendas fáceis? Um advogado que analisa 10 casos complicadíssimos produziu mais ou menos que um advogado que analisou 20 casos mais simples?

Essa dificuldade advém da falta de uma variável importante na medição da produtividade por resultado: os recursos utilizados para tal. Produtividade nada mais é do que uma razão entre a quantidade de produtos construídos pela quantidade de recursos utilizados, sejam eles homem-hora, orçamento, material ou qualquer outro recurso, como tempo de máquina. Medir somente o resultado não leva em consideração os recursos, e portanto, dessa forma, o que tem-se é uma medida do *produto* e não da *produtividade*.

Essa constatação fez com que a necessidade de se medir as atividades empregadas para a construção do resultado final também fosse algo desejável no trabalho feito em ambiente de escritório, para se medir a real produtividade. Dez vendas foram feitas, mas quantos telefonemas ou contatos com o cliente foram necessários? Quantas horas de trabalho? Em suma, qual é a *produtividade*?

Conhecendo e medindo de forma razoavelmente acurada as atividades realizadas para a construção do produto, a medição da produtividade poderia ser completada de forma satisfatória para o ambiente de escritório. Porém a dificuldade para tal — que se mostrou intransponível no século XX — era obter dados confiáveis, sem nenhum tipo de distorção, ou seja, reais, sobre essas tarefas, e não somente os dados declarados pelo próprio trabalhador, notadamente distorcidos por diversas razões.

E essa evolução tímida da medição da produtividade no ambiente de escritório era esperada, pois, apesar de haver, já no final do século XX, *softwares* que conseguissem realizar a medição real do tempo e das atividades realizadas neste ambiente, não havia cultura empresarial suficiente para tal. Além disso, esses sistemas eram caros, pouco testados na prática e criavam uma camada de controle do trabalho que gerava resistência nos trabalhadores, já que a realização do trabalho deveria ser feita **dentro do sistema**, o que além de tudo reduziria o contato presencial tão prezado no século XX.

Porém, no começo do século XXI houve uma reviravolta. Na natureza, para uma evolução marcante ocorrer, é necessária uma brusca mudança no ambiente, e foi exatamente isso que as circunstâncias da pandemia iniciada em 2019 trouxeram para o trabalho humano. Em poucas semanas a constatação de que uma nova realidade, que inicialmente se pensou momentânea, tomou contornos de perenidade, e fez com que todos repensassem suas possibilidades de produção com tantas restrições impostas pela conjuntura.

A saída encontrada para grande parte das atividades laborais foi o teletrabalho. Este se mostrou viável pela popularização da internet e para todos os tipos de trabalho onde os aparelhos para o desenvolvimento do trabalho não precisassem necessariamente estar alocados em um único local, em especial, o trabalho desenvolvido em escritório.

Assim, praticamente todo trabalho que ocorria em um local numa empresa que dependesse de computador e periféricos foi estudado e transformado em teletrabalho. No início, essa atitude seria adotada enquanto as condições sanitárias não permitissem o convívio usual no ambiente empresarial ou corporativo. Após um bom tempo sem a possibilidade de retorno, o que foi descoberto era que o teletrabalho era uma realidade que veio para ficar, devendo então ser desenvolvido, agora em caráter perene.

Com o teletrabalho, abriu-se uma grande oportunidade para mudar a forma como a medição da produtividade era realizada em relação ao trabalho presencial. Como toda nova tendência, é tanto uma oportunidade quanto um desafio.

De modo geral, o trabalho realizado em um escritório poderia ser verificado visualmente — tanto pela passagem na portaria da empresa quanto pelo controle sobre onde o funcionário está nas dependências da empresa (ponto ou presença). Essa medição visual era muitas vezes desestimulante para os funcionários, pois estimulava-os a apresentar um esforço de produtividade apenas enquanto estavam sob o olhar do gerente ou supervisor, fazendo com que o estímulo de produtividade fosse apenas externo, uma vez que a medição visual tem um alto teor de subjetividade. Deste modo, para a equipe, parecer produtivo a fim de ganhar a simpatia do supervisor era tão importante quanto ser produtivo de fato.

Por isso, essa supervisão visual só tem eficácia para averiguar funções essencialmente manuais, visto que para trabalhos não braçais, os próprios funcionários podem mascarar suas produções, fazendo com que atividades que demoram pouco tempo para serem realizadas, pareçam mais complicadas. No teletrabalho, essa possibilidade não é possível, pois não se pode verificar pelos meios usuais se o funcionário está efetivamente trabalhando.

Para ilustrar, pensemos no trabalho de um contador. Um supervisor pode vê-lo à frente do computador, digitando, aparentemente focado — mas este pode estar fazendo qualquer coisa alheia às suas tarefas, dificultando a medição deste trabalho. O gerente ou o diretor fica muitas vezes dependendo de sua própria intuição para adivinhar se a atividade sendo realizada é de fato produtiva, visto que ele não possui dados concretos, tabulados, sobre todas as instâncias de atividades realizadas para aquele tipo de trabalho para se ter ideia, mesmo que comparativamente, de um tempo padrão usual para aquela atividade.

Assim, o método de medição da produtividade para os trabalhos que eram executados em escritórios e foram transformados em teletrabalho também deveria mudar. Para essa mudança, a métrica tradicional de controle de horário de trabalho foi substituída por uma métrica baseada em resultados.

Essa mudança não é nova, visto que vários escritórios já trabalhavam assim mesmo no trabalho presencial. A novidade é que esse modelo, muito mais apropriado do que o controle de horário, se torna *obrigatório* com o trabalho remoto. É como uma boa prática da qual é impossível fugir.

Neste modelo, o resultado é o foco, e a administração das tarefas para que esse resultado seja alcançado tende a ser mais flexível. A discussão então passa a ser como aprimorar esse novo formato, aprimorando técnicas e desenvolvendo outras, e finalmente, como apossar-se de dados para medir não somente o resultado final, mas também a contribuição de cada atividade para a criação do resultado final, em suma, medir de fato a **produtividade**.

A principal ferramenta para responder a estes novos desafios veio como um efeito colateral a essa nova estrutura de trabalho de escritório convertida em trabalho remoto: todos os sistemas de comunicação e processamento de dados, que foram desenvolvidos para permitir a realização do trabalho remoto, se mostraram depois como a grande fonte para que novas metodologias de medição de produtividade pudessem operar. Toda comunicação no teletrabalho se efetua via equipamentos eletrônicos, gerando dados, onde o trabalho da organização pode ser inteiramente mapeado.

Essa comunicação via dados apresentou uma qualidade muito superior aos dados produzidos tão somente pela comunicação verbal e presencial. Para ilustrar isso, tomemos como exemplo o processo de reunião de alinhamento ou deliberações. No formato verbal e presencial, uma pessoa ficava responsável pela produção de uma ata, as proposições e execuções eram documentadas de acordo com as possibilidades dos presentes – e essas deliberações poderiam sofrer com problemas de interpretação.

Com a comunicação via dados, toda reunião conta com registro em vídeo e áudio, e qualquer ponto levantado na reunião pode ser recuperado exatamente como foi formulado. Os sistemas produzem um histórico das reuniões, podendo se fazer um levantamento do desenvolvimento dos projetos com a reprodução das reuniões, e checar a qualquer momento se algo que foi comprometido a ser feito foi efetivamente feito.

Com esse conjunto de dados, as atividades de escritório, pela primeira vez desde que a medição do desempenho começou no século XIX, puderam ser medidas, comparadas, arquivadas, recuperadas e analisadas.

Este novo universo gera oportunidades de contornos realmente incríveis. Pela primeira vez, temos condições concretas de saber qual é o gargalo para a geração de um resultado, qual é o tempo de ócio entre uma atividade e outra, e um retrato mais preciso da diferença de performance entre profissionais de uma mesma área, porque, pela primeira vez, possuímos os dados.

Tomemos por exemplo um vendedor que precisa reportar suas atividades remotas em um sistema. Podemos verificar que, apesar de ele conseguir a sua cota de vendas, a grande maioria das atividades que ele faz não interfere em nada com o produto gerado — a venda —, e com esse mapeamento, podemos eliminar tais atividades para melhorar ainda mais a produtividade. Podemos identificar em quais períodos a produtividade dele é maior dentro de um determinado mês, ou ano — por motivos internos ou externos ao trabalhador. Podemos também comparar qual profissional faz de forma mais rápida uma determinada tarefa comum a todos, e com isso, tentar disseminar a sua boa prática aos demais trabalhadores, por meio de padronização ou treinamento.

A imensa quantidade de dados serve não apenas para medir a produtividade de pessoas, mas também de processos, e até de departamentos inteiros. Esse novo mundo de fartos dados sobre as atividades é de fato bastante novo, e muito do que vamos conseguir fazer com esses dados ainda será construído no futuro.

No caso de processos, por exemplo, podemos classificar cada atividade de acordo com a agregação de valor que ela contribui para gerar o produto final. Ao correlacionar as atividades que não agregam valor com o tempo que se demora para conclui-las, tem-se uma bela noção não somente da produtividade do processo, mas onde ele pode ser ajustado para melhorar ainda mais a sua produtividade.

Além de possibilitar a medição da produtividade com um nível de precisão nunca antes possível, conforme visto acima, esses dados podem auxiliar de forma muito importante — revolucionária até — a gestão.

Tomemos, por exemplo, o problema do dimensionamento da força de trabalho.

Como o trabalho intelectual é de mais difícil medição que o trabalho braçal, onde contagens podem definir quais equipes foram mais produtivas ou identificar gargalos de produção, o trabalho intelectual é pouco padronizado e tem demandas variadas. Os dados podem ser tratados para inferir pesos para todas as tarefas, de modo a dar uma melhor métrica de produtividade. E visto que os dados não mentem, tarefas podem ser remanejadas para equipes maiores ou mais ociosas, evitando sobrecarga, e para quem lida melhor com qual demanda — fazendo desse conjunto de dados algo mais valioso que ouro para o gestor.

E isto é só o início. Os dados adquiridos por essa nova forma de trabalho podem ser extremamente úteis para melhorar outras iniciativas de gestão, tais como gestão de projetos, gestão de processos, gestão de riscos, gestão por competências e planejamento estratégico. A figura abaixo mostra a correlação entre as iniciativas de gestão citadas acima e como os dados do trabalho influenciam uns aos outros.

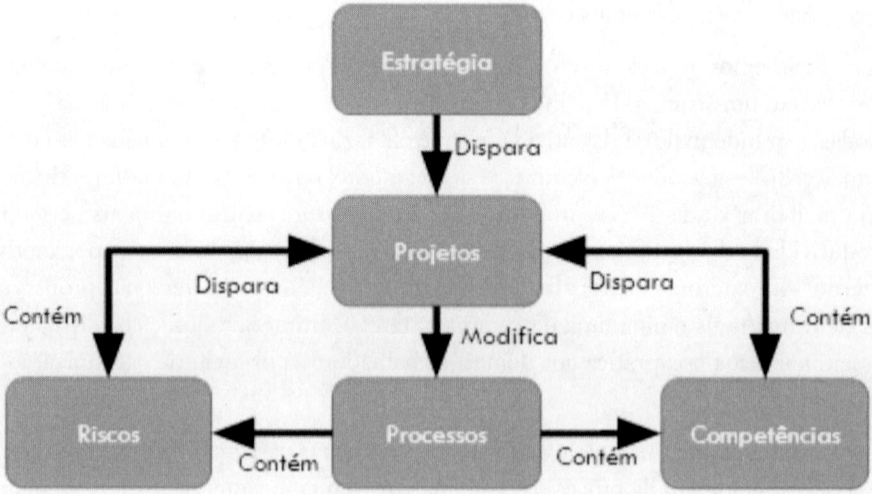

Tomemos como primeiro exemplo o planejamento estratégico. Podemos saber, com os dados, no nível atômico da tarefa, quais atividades estão sendo realizadas que de fato contribuem para a estratégia. Para isso, basta marcar as atividades que vão indicar se um objetivo estratégico está sendo atingido. No final, toda a informação gerada a partir do trabalho da equipe termina sendo traduzida no quanto você gestor está conseguindo cumprir a estratégia. Com isso pode-se montar gráficos, *dashboards* valiosíssimos para entender qual a contribuição real de um departamento, pessoa, projeto, ou até mesmo do trabalho feito em um determinado mês do ano, para a perseguição da estratégia.

Um segundo exemplo do uso desses dados para a gestão, está na revolução que pode ser feita na Gestão por Competência, aprofundando o cruzamento de dados para saber quais competências uma empresa mais precisa desenvolver, e quais mais usa.

Com dados organizados sobre as atividades que estão sendo entregues, pode-se cadastrar o rol de competências necessárias para cada uma delas. Cruzando essas informações com quais pessoas e equipes realizaram cada trabalho, podem-se verificar as demandas de competência para cada pessoa, melhorando a eficácia dos treinamentos periódicos.

Pode-se também identificar *gaps* de competências — competências necessárias para uma atividade mas inexistente na quantidade adequada no corpo funcional da empresa — e competências importantes, necessárias em várias atividades, com perigo de extinção por serem dominadas por poucas pessoas.

Ainda na gestão por competências, a associação das competências com as atividades executadas pode indicar um remanejamento de pessoal dentro da equipe por aqueles que tem um desempenho em certas competências além do esperado e que porventura estejam envolvidos em tarefas nas quais essas competências não sejam tão determinantes. Tais remanejamentos aumentam a produtividade como uma consequência colateral, ao relocar um determinado funcionário para tarefas em que este tenha condições de desempenhar melhor. Tudo isso por meio dos dados.

Os treinamentos podem então serem transformados em uma ferramenta de intervenção para melhoria do pessoal, revelado por um desempenho abaixo do esperado em uma ou mais tarefas. O treinamento pode ser direcionado, fazendo com que a intervenção melhore a equipe de modo mais rápido e eficaz.

Por último, a associação de dados de tarefas com dados de orçamento e centro de custos permite também melhorias na gestão de acordo com o processo.

Processos com alto custo devido ao tempo de execução e baixo retorno podem ser reavaliados, cabendo ao gestor algumas alternativas tais como a minimização de processos desse tipo, a substituição por processos menos onerosos pelas métricas adotadas ou até a eventual contratação de outra empresa para executar essa tarefa.

Para a estratégia de custos que um determinado gestor se propõe a seguir, uma determinada tarefa de alto custo e baixo retorno pode ser abandonada ou remanejada para outra empresa, e ter o pessoal outrora envolvido com esta tarefa relocado para outra tarefa menos custosa e mais relevante para o cumprimento da estratégia do gestor ou da organização.

Porém, é importante salientar que estas métricas não podem ser obtidas por um modelo de teletrabalho que não usa uma ferramenta de controle das atividades, como por exemplo, o trabalho de encomenda, que é feito com a entrega de um relatório ou cujo reporte é feito em mídia discreta — como arquivos em *pendrive*. Sim, a entrega foi feita, mas não se teve o conjunto de dados gerado por ferramentas de controle de desempenho para se conquistar todas as vantagens descritas acima.

Essas ferramentas de controle não só se tornam apenas viáveis na gestão do teletrabalho, elas acabam sendo a melhor forma de se manter o trabalho em uma organização que se utiliza deste modelo, ou seja, apesar de já existirem antes, essas ferramentas só se tornam de fato atraentes com a realização do teletrabalho.

No modelo presencial, a implantação deste tipo de sistema nunca foi bem visto, e sofre de alta resistência cultural dos empregados, e as vezes até dos gestores, acostumados com a gestão visual das atividades, sem um controle de modo sistematizado. O resultado é que a informação sobre as tarefas realizadas tende a ficar descentralizada, sem padronização e sem registros permanentes.

Já no teletrabalho, a implantação de algum tipo de sistema de controle de atividades se torna uma opção natural, quase inescapável, e exatamente por isso a resistência dos trabalhadores se reduz sensivelmente. A falta de opção da gestão visual também leva o gestor a não mais se prender a essa forma de gestão, ficando aberto a novas modalidades de controle, mais apropriadas ao século XXI.

Soluções de Tecnologia: Monitoramento e Gestão de Trabalho Remoto

Tawan Pimentel[1]

Resumo: Este artigo tem como objetivo apresentar os principais recursos tecnológicos para gestores gerenciarem o trabalho de profissionais que exercem suas atividades em modelos de trabalho remoto. Procura, também, contribuir para o conhecimento de ferramentas e facilitar as tomadas de decisões na adoção de soluções de monitoramento ou gestão do trabalho.

Palavras-chave: Monitoramento do trabalho remoto. Gestão do trabalho remoto. Gestão por produtividade.

Quantas vezes você já se questionou: "será que meus colaboradores remotos estão trabalhando mesmo?".

É natural que qualquer gestor tenha essa preocupação. E, para responder a essa pergunta, temos duas soluções principais, cada uma delas, com diversas ferramentas: **1)** monitoramento dos profissionais e **2)** gestão do trabalho realizado.

Mas, na sequência, surgem duas perguntas inevitáveis: qual é a diferença entre essas soluções e qual devo escolher para aplicar à minha equipe?

Para responder à primeira questão gosto de explicar da maneira mais simples possível: no caso do monitoramento geralmente estamos acompanhando o comportamento dos profissionais. Já na gestão do trabalho realizado estamos, basicamente, avaliando o que está sendo produzido.

---

(1) Sócio fundador do <homeoffice.com.br>, empresa pioneira em ajudar organizações a implementarem o modelo de trabalho remoto. Desde 2012, se dedica exclusivamente a criar soluções para o trabalho à distância e a difundir o modelo para profissionais e empresas. É o responsável pela criação do primeiro *software* exclusivo para o gerenciamento de colaboradores remotos e da primeira metodologia com recursos de consultoria, pesquisas e treinamentos para agilizar a implantação do trabalho remoto de forma estruturada. Realiza palestras e facilita treinamentos sobre as novas formas de trabalho a mais de uma década. Foram mais de 250 turmas presenciais/*lives* e possui diversos treinamentos em formato EAD. Mais de 50 mil profissionais de diversas empresas passaram pelos treinamentos.

Mas é comum que logo surja uma terceira questão: qual dessas duas soluções é a melhor? E a resposta é bem simples, parece não dizer muito, mas é real: depende! Depende de uma série de fatores. Os principais são:

• Objetivo do uso da ferramenta;

• Tipos de atividades realizadas pelos profissionais da equipe;

• Nível hierárquico e grau de conhecimento dos profissionais em gestão;

• Quais indicadores são eficientes para acompanhar e estabelecer os resultados;

• Recursos que você ou a empresa têm disponíveis (que, resumidamente, não são nada mais e nada menos do que tempo de implementação e o investimento financeiro para viabilizar as ferramentas).

Além disso, as ferramentas podem se tornar complementares. Ou seja, não tem uma melhor ou pior. Somando as duas soluções é possível obter uma forma mais eficiente de acompanhar o trabalho dos liderados. E, para explicar isso mais a fundo, vou tentar usar definições simples, indicar as principais opções de funcionalidades das ferramentas e trazer alguns exemplos práticos.

1. Monitoramento dos profissionais

Quando usar monitoramento?

O monitoramento funciona bem quando as atividades são específicas e podem gerar riscos à empresa. Por outro lado, não funciona nada bem se o objetivo for diferente de trazer segurança para o profissional ou para a organização e passar a ser simplesmente uma tentativa de controle dos profissionais.

Monitoramento não deveria ter nada a ver com buscar saber cada detalhe da rotina dos profissionais, o que eles estão fazendo no dia a dia de trabalho em um nível de microgerenciamento, ou seja, descobrir desde alguns minutos ociosos ou pequenos atrasos para iniciar o trabalho ou até quais tipos de *softwares* os profissionais usaram e por quanto tempo. Ao longo deste artigo vou apresentar diversas reflexões e argumentos sobre a falsa necessidade desse tipo de controle.

Tipos e recursos de ferramentas de monitoramento mais conhecidos

• Monitoramento dos softwares que os profissionais usam durante a jornada de trabalho;

• Monitoramento e/ou gravação da tela dos profissionais enquanto estão trabalhando;

• Monitoramento das atividades do computador (se a pessoa está ou não utilizando *mouse* e teclado, por exemplo);

• Monitoramento e gravação de ligações telefônicas (muito usado em *telemarketing*/teleatendimento);

- Monitoramento e/ou gravação da jornada de trabalho utilizando áudio ou vídeo o tempo todo;
- Controle de jornada (espelho de ponto).

Exemplos práticos

Imagine que você tem um funcionário que trabalha utilizando dados sensíveis de clientes. Ele altera informações em diversos campos de um banco de dados e, caso aconteça algum erro nas alterações a empresa ou o cliente estarão expostos a riscos. Neste caso, um recurso de gravação de tela (importante: ativo apenas enquanto o profissional estiver utilizando o sistema específico dos dados sensíveis) pode ser uma excelente ferramenta para registrar o ocorrido e poder rastrear ou acompanhar eventuais erros ou riscos. Neste caso, que é específico e ajuda a empresa a diminuir riscos, o monitoramento pode ser uma boa opção.

Por outro lado, em outro exemplo, imagine que você tem um funcionário da área administrativa, que realiza uma rotina simples de trabalho e você decida usar uma ferramenta de monitoramento que indique quais e por quanto tempo o profissional utilizou os mais diversos softwares do computador ao longo da jornada de trabalho.

A pergunta é: por qual motivo você quer essa informação? Porque se o objetivo é saber se ele trabalhou e entregou o que estava combinado, talvez outras soluções façam mais sentido. Saber por quanto tempo uma pessoa usou um software não determina se ela trabalhou melhor ou pior. Ela pode ter passado mais tempo no navegador de internet do que no *software* de planilha, mas, e se passou esse tempo a mais na internet pesquisando formas de criar planilhas mais eficientes ou maneiras de gerar relatórios automatizados para agilizar o trabalho a ser entregue?

Esse tipo de monitoramento pode gerar interpretações erradas e, ao invés de compreender o que o funcionário está de fato realizando, é provável que o gestor se baseie em dados interpretativos de maneira negativa, o que tende a gerar um clima ruim com os profissionais ou com a equipe.

De todos os recursos de monitoramento que indiquei no início, entendo que as duas únicas ferramentas que são importantes e diminuem riscos para os profissionais e as empresas são: controle de jornada e, em casos de específicos relacionados a atividades de teleatendimento, a gravação e monitoramento de ligações. Os demais recursos, devem ser cuidadosamente avaliados antes de serem implementados.

2. Gestão do trabalho realizado

Quando usar gerenciamento do trabalho?

É uma pergunta fácil de responder: gerenciar o trabalho realizado deve ser usado sempre, afinal, qual gestor de equipe ou administrador de empresa não quer saber dados e indicadores que possam ajudar a determinar uma série de decisões importantes para o negócio?

Há vários níveis de gerenciamento do trabalho realizado, dos mais simples, com indicadores básicos, aos mais complexos, com cruzamento de uma série de dados e fatores. Não sei qual será o nível de gerenciamento que você ou sua empresa estão preparados para realizar, mas é extremamente importante que haja algum tipo de gestão do que é produzido.

Ter informações reais do que é realizado pelos profissionais da empresa é a melhor forma de entender os limites, de ajudar a precificar serviços e produtos, prever resultados, estipular metas mais realistas e tomar uma série de decisões financeiras e estratégicas da organização. E estes são apenas alguns exemplos.

Quando falamos de empresas que adotam o trabalho remoto, seja ele de forma integral ou híbrida, a gestão do trabalho realizado é uma excelente ferramenta para manter a produtividade, construir um ambiente de confiança da equipe e dar segurança aos gestores, uma vez que eles têm uma noção precisa de que seus liderados estão trabalhando, independentemente do local onde os profissionais realizam suas atividades.

Tipos e recursos de ferramentas de gestão do trabalho

• *Timesheet* (registra o tempo gasto pelos profissionais para realizar atividades);

• Gerenciador de tarefas (organiza tarefas, prevê entregas, analisa esforços, gera relatórios de produtividade etc.);

• Ferramentas para organizar os métodos de trabalho ou indicadores de produtividade (com funcionalidades para manter o uso e padronizar as regras de métodos ágeis, por exemplo).

Exemplo prático

Quando se busca conhecer a performance dos profissionais, há uma ampla gama de ferramentas que podem ser usadas por empresas para apurar e avaliar a performance dos seus profissionais. Dependendo do nível de gestão do trabalho é comum que mais de uma ferramenta seja utilizada.

Imagine um time de vendas. Como criar os indicadores corretos para gestão da produtividade? Olhando apenas o resultado final, ou seja, quanto de faturamento foi gerado pelos profissionais? Sim, esta é uma forma, embora bem simples, de realizar a gestão. Entretanto, a ideia de entender melhor como os negócios são gerados pode criar boas práticas mais eficientes para os profissionais e as equipes.

É nesse tipo de situação, a empresa pode optar por ferramentas mais completas e determinar indicadores não só quantitativos, mas qualitativos também. No mesmo exemplo da área comercial, é importante buscar mais dados e cruzá-los para gerar um melhor entendimento sobre a produtividade, tanto dos profissionais que vendem mais, quanto dos que estão vendendo menos.

E usar ferramentas de gestão do trabalho para descobrir respostas a uma série de questões, tais como:

Qual é a rotina de trabalho de quem vende mais? Quais atividades essa pessoa realiza durante o dia? Quantas reuniões ela marca? Qual o nível de acompanhamento do negócio que pratica? Quanto tempo dedica para realizar essas atividades? Qual o processo ou ritual de atividades que a pessoa faz no dia a dia? Onde ela busca os clientes (de uma base de clientes da empresa ou em novos espaços no mercado)? Ela atua em algum segmento específico de negócios ou é mais generalista? O que essa pessoa faz, no tempo que faz, é igual ou próximo ao que o profissional que vende menos está fazendo ou é diferente? Se é diferente, a forma que ela trabalha é uma boa prática replicável para o resto do time? E por aí vai.

Para responder a todas essas questões é preciso ter uma ferramenta de gestão das atividades e incentivar que os profissionais a alimentem com os dados corretos. Neste exemplo, para ter essas respostas, provavelmente o profissional usaria, minimamente, um gerenciador de tarefas com dados de clientes, *status* de evolução do funil de vendas (processos) e um *timesheet* indicando o tempo gasto para realizar as atividades envolvidas no processo de venda. E essas soluções podem estar separadas em ferramentas diferentes ou a empresa pode optar por soluções mais completas, com muitas dessas funções em um só lugar, como soluções de CRM (*Customer Relationship Management*), por exemplo.

Como indicado no início deste artigo, a gestão do trabalho realizado se baseia mais no negócio e nos resultados, enquanto o monitoramento foca o comportamento das pessoas. Finalizando esse exemplo, adotando uma ferramenta para monitorar os vendedores talvez pudéssemos responder apenas se eles estão disponíveis e trabalhando no horário programado ou quais softwares estão usando. A gestão do trabalho é mais rica e gera mais oportunidades do que o monitoramento das pessoas.

Realizar monitoramento vale a pena?

Depois de mais de 10 anos desenvolvendo softwares de gestão de colaboradores remotos, uma coisa posso afirmar com convicção: quanto maior o controle sem a real necessidade de controlar pior é o clima de trabalho e é maior a tendência de que produtividade fique estagnada em um padrão baixo.

E não é só a minha experiência pratica que aponta isso. Um estudo realizado com 40 empresas de médio e grande portes acompanhadas ao longo de 16 anos indicou que a baixa produtividade de empresas brasileiras está mais relacionada à falta de confiança nas equipes e ao excesso de controle das lideranças em relação aos seus liderados do que ao uso de ferramentas de monitoramento.

O estudo foi realizado pelos pesquisadores Marco Tulio Zanini e Carmen Migueles(2), professores doutores da Ebape/FGV e Fundação Dom Cabral e é maior base de dados do mundo sobre confiança em empresas privadas. No final deste artigo vou deixar nas referências como encontrar o estudo para quem quiser se aprofundar sobre os resultados e as análises apresentadas pelos autores.

Disso tudo o importante é entender que monitorar ou controlar a rotina de trabalho dos profissionais sem um embasamento genuíno pode se transformar em uma forma da empresa ser menos produtiva ou menos competitiva. E ainda mais importante é compreender que com a melhoria do conhecimento em gestão e mais foco no gerenciamento do que é produzido pelas pessoas em vez do como usam o seu tempo ou o que fazem, é possível evitar esses pontos negativos indicados anteriormente.

Resumindo de forma prática: monitoramento só vale a pena se houver uma razão verdadeira e efetiva para o negócio. Por isso, reafirmo a importância de encontrar o equilíbrio de acordo com a função exercida, seus objetivos e os dados que precisam ser gerados para melhorar a gestão.

Para tentar deixar mais claro esse conceito, quero trazer alguns questionamentos sobre o uso excessivo do controle:

- Por que um gestor ou administrador de empresa precisa saber quantas horas alguém ficou disponível sentado na frente do computador se não está aferindo o quanto e como as entregas estão sendo realizadas? O que se ganha com isso?

- Será que com o monitoramento o gestor poderá compreender como um funcionário está realizando um bom trabalho e identificar uma boa prática replicável para o resto do time ou apenas poderá descobrir que o funcionário está disponível nos horários combinados?

- Será que o monitoramento permitirá que o gestor identifique onde está um gargalo que compromete os resultados ou permitirá apenas que o gestor descubra que o funcionário gasta um pouco mais de tempo na internet do que ele, gestor, sabe-se lá por qual razão, considera apropriado?

Essas são reflexões rápidas, porém contundentes que ajudam a perceber que controlar horas disponíveis para a empresa ou quais softwares os profissionais usam

(2) ZANINI, M. T. F.; MIGUELES, C. P. Confiança em contratos relacionais: um estudo teórico. *Cad. EBAPE.BR*, v. 17, n. 1, p. 117-128, Rio de Janeiro, jan./mar. 2019. ISSN 1679-3951.

durante a jornada de trabalho, por exemplo, provavelmente terá uma contribuição tão somente marginal para a melhoria dos resultados das equipes e das empresas.

Quando se fala em resultados acredito que há outros indicadores muito mais relevantes em uma primeira camada de gerenciamento, sobretudo quando falamos especificamente de produtividade. Os quatro indicadores iniciais são:

- Criar visibilidade do resultado individualizado que cada profissional produz (projetos, atividades, tempo de execução ou atendimento etc.);

- Com esses dados dos funcionários, estabelecer cruzamentos e conexões entre os dados individuais dos diversos funcionários para identificar padrões de esforço/tempo, descobrir quem obtém o melhor retorno pelo esforço feito e, a partir daí, identificar boas práticas que possam otimizar a produtividade dos demais integrantes da equipe;

- Compreender quais profissionais estão abaixo da média de produção da equipe, entender as razões e apoiá-los na melhoria dos indicadores (e a ideia, obviamente, não é punir e sim identificar as carências e ajustar a forma deles trabalharem);

- Identificar possíveis gargalos de produção que interferem na eficiência do trabalho da equipe ou da empresa para que seja possível repensar formas, processos e/ou ferramentas que gerem melhorias no trabalho.

Sei que muitas vezes não é tão simples assim, entram outras variáveis, como: dependendo da área, nem todos os profissionais fazem o mesmo trabalho. Ou as vezes até fazem, mas pela experiência acumulada um profissional pode realizar a atividade que demanda maior atenção.

Para exemplificar isso, pense em uma área com profissionais que analisam processos de sinistros de automóveis. Alguns podem ter uma quantidade maior de casos, porém casos mais simples, de pequenas colisões, por exemplo. Enquanto isso, há profissionais mais experientes que analisam casos que envolvem mais veículos e vítimas ou casos que não possuem evidências claras e robustas para estabelecer o ocorrido. Cada uma dessas demandas requer um tempo de esforço diferente e comparar uma com a outra apenas de maneira quantitativa não irá gerar uma avaliação justa. Tendo os dados e indicadores certos e usando as ferramentas é mais fácil criar ponderações para realizar uma gestão mais justa e equilibrada.

Ao substituir ferramentas de monitoramento pautadas no controle por ferramentas de gestão do trabalho (que atendam os 4 pontos básicos indicados), o gestor da equipe começa a conhecer melhor o trabalho de seus liderados, entende os limites de produtividade, consegue estabelecer objetivos mais adequados, descobre necessidades de melhorias e de investimentos para incrementar os resultados e, claro, constrói uma base de informações transparente para determinar quem está mais preparado para receber uma promoção ou reconhecimento com base no que produz. E isso é fundamental para criar um ambiente de trabalho de confiança, mesmo com os profissionais em modelos remotos ou híbridos.

Quais os limites do monitoramento?

Não vou me estender em questões jurídicas, afinal o objetivo é falar sobre tecnologia e, principalmente, porque não sou advogado, ou seja, não sou habilitado a falar com profundidade sobre o tema. Por isso, recomendo que as empresas busquem a orientação de especialistas.

Dito isso, é importante que eu destaque os alertas essenciais para que as empresas não tomem decisões precipitadas e evitem riscos em função da adoção de um monitoramento do trabalho dos funcionários. Os dois alertas principais são:

1) Privacidade: monitorar funcionários no ambiente remoto (principalmente se estiverem em suas residências) por meio de recursos de áudio e vídeo é entendido pelos especialistas como invasão de privacidade e viola o art. 5º, inciso X, da Constituição Federal. Por se tratar de lei, vou direto ao ponto: pedir para que os profissionais deixem o áudio ou as câmeras ligadas o tempo todo para realizar monitoramento expõe a empresa a sérios riscos legais.

2) LGPD: a Lei Geral de Proteção de Dados estabelece que dados pessoais não podem ser coletados pela empresa sem aviso prévio aos funcionários, inclusive, é preciso indicar nesse aviso a razão da coleta e o tempo de armazenamento dos dados. Ou seja, imagine um monitoramento que grava a tela dos profissionais. Todos sabemos que no mundo real é natural e aceitável que as pessoas usem uma pequena parte do seu tempo de trabalho para realizar atividades pessoais também. Quando há o monitoramento ininterrupto, quantos dados pessoais e sensíveis a empresa pode estar coletando sem deixar explícito aos profissionais que tudo que estão fazendo no computador está sendo gravado? São dados de documentos pessoais, acesso a *e-mails* particulares, dados bancários, senhas e até buscas na internet relacionadas a política, religião e saúde, por exemplo. Por isso, é importante que a empresa comunique clara e formalmente todo monitoramento aos seus funcionários, detalhando como será feito, quando será realizado, por quais motivos, por quanto tempo os dados serão coletados e armazenados etc. E, além disso, obtenha consentimento expresso dos profissionais por meio da assinatura de dos termos e políticas da empresa.

Quanto maior o nível de controle do monitoramento, mais cuidados e transparência a empresa deve ter para resguardar a segurança dos funcionários e da própria organização.

Esses pontos reforçam, mais uma vez, o questionamento que faço neste artigo: até que ponto vale o esforço de monitorar funcionários com nível alto de controle? Esses dados serão usados com qual finalidade? Irão contribuir para que as pessoas trabalhem melhor ou para aprimorar a gestão e a produtividade das equipes?

Desafios de implementar ferramentas de monitoramento e gestão

Uma tendência comum no mercado é a de buscar as melhores ferramentas disponíveis para gestão ou monitoramento do trabalho. Por isso, geralmente essas escolhas são atribuídas à área de tecnologia (TI) das empresas. Paradoxalmente, porém, isso pode ser um problema. Não é uma questão de erro em si na escolha das ferramentas, mas como as áreas de tecnologia já estão acostumadas a utilizar soluções avançadas de gerenciamento do trabalho, acabam optando por ferramentas ótimas, mas que são complexas de implementar para as demais áreas da organização e, principalmente, fazer com que outros profissionais (que não estão acostumados com essa forma de gestão) consigam manter uso da solução.

Em outras palavras, a área de tecnologia busca o melhor e muitas vezes compra uma Ferrari e a entrega para pessoas que não sabem dirigir ou acabaram de tirar a carteira de habilitação. Quanto maior a complexidade ou a quantidade de recursos, mais difícil será adotar a ferramenta escolhida.

E, aí, há dois caminhos a seguir: ou os departamentos de tecnologia adotam ferramentas mais simples para as outras áreas, ou a empresa como um todo investe bastante tempo e dinheiro para ensinar seus profissionais a compreenderem melhor os conceitos de gestão por atividades e entregas e se capacitem a usar continuamente ferramentas mais complexas.

Honestamente, o primeiro caminho, para mim, é a decisão mais eficiente. Entregar um software simples, com recursos e indicadores básicos pode ser a maneira mais rápida e eficaz de fazer com que os profissionais passem a usar a solução, gerem dados reais para análises e, uma vez que esse uso comece a fazer parte da rotina de trabalho, a empresa possa pensar em evoluir no uso de ferramentas mais avançadas.

Outro desafio comum, mais atrelado a "soluções de monitoramento" dos profissionais, é gerar mais resistência das pessoas ao uso de certas ferramentas. A sensação de controle, "invasão de privacidade" e de exposição da rotina de trabalho tende a gerar profissionais que buscam alternativas para burlar o monitoramento ou que tentam camuflar os dados.

Para resolver isso, como já indicado ao longo deste artigo, o monitoramento (quando necessário) deve acontecer na medida certa. Quando a empresa explica a razão e demonstra a importância do monitoramento, os profissionais aceitam com mais facilidade o acompanhamento por meio de soluções tecnológicas.

Recomendações finais

Quando se pretende implementar ou mudar as soluções de monitoramento ou gestão do trabalho realizado na empresa é essencial tomar a decisão de escolha com base na real necessidade para o negócio, olhando primeiro para as pessoas e o que elas fazem. Depois olha-se para as ferramentas. É mais fácil encontrar ou adequar ferramentas às pessoas e suas atividades do que fazer as pessoas se adequarem totalmente a uma ferramenta.

E, por fim, mas não menos importante: conheça o negócio da empresa e seus profissionais para escolher as ferramentas. Seguir cegamente "o que o mercado tem adotado" pode ter grandes chances de não funcionar na sua organização e levar a uma enorme perda de tempo e dinheiro.

Monitoramento Remoto: Como Avaliar/ mMonitorar o Empregado Teletrabalhador?

Joselma Fonseca Oliveira(1)

Adinilson Martins da Silva(2)

"Não é o mais forte da espécie o que sobrevive, nem o mais inteligente, é o que melhor se adapta à mudança."
Charles Darwin.

Resumo: Em 2005, o SERPRO — Serviço Federal de processamento de Dados, decidiu implantar um projeto piloto de Teletrabalho, considerado uma inovação na administração

---

(1) Mestre em Engenharia de *Software*. Graduada em Administração de Empresas e Economia. Professora e pesquisadora no Brasil e na América Latina, na área de Teletrabalho. Membro da Academia Latina Americana de Ciências Humanas — ALACH. Membro do Conselho de Governança da International Telework Academy — ITA. Diretora Regional do DF da Sociedade Brasileira de Telatralho e Teleatividades — SOBRATT. Autora do Livro Teletrabalho — Alternativa de Trabalho Flexível; coatora em algumas edições de livros e artigos sobre o Teletrabalho e palestrante sobre tema. Atuou por 37 anos como Coordenadora de Sistemas junto à Receita Federal do Brasil-RFB, integrando à Unidade de Alinhamento Estratégico do SERPRO, como servidora pública. Consultora do teletrabalho em órgãos Públicos.

(2) Mestre em Computação Aplicada pela Universidade de Brasília - UnB. Certificado, internacionalmente, pela Associação de Profissionais de Gerenciamento de Processos de Negócio (ABPMP) como CBPP (Certified Business Process Professional). Certificações internacionais de projetos em TI: CoBIT (Control Objectives for Information and related Tecnology), ITIL (Information Technology Infraestructure Library) e PSM I (Professional Scrum Master I). É revisor e tradutor do guia BPM CBOK (Business Process Management, Comom Body of Knowledge) da ABPMP. Palestrante da CNASI/CLASI (Congresso Nacional e Congresso Latino Americano de Auditoria de Sistemas); CONEXÕES Educação serial e; ABPMP (Association of Business Process Management Professional) no tema governança de processos; e AGILE TRENDS no tema métodos ágeis. Instrutor na universidade corporativa UniCIT nos temas governança de processos, gestão de riscos e métodos ágeis. Premiado pela ENAP/Ministério do Planejamento e Conserpro/Serpro (Serviço Federal de Processamento de Dados) por trabalhos de inovação na área de processos e Gestão Empresarial, na qual possui mais de 20 anos de experiência. Implantou os Escritórios de Processos de Trabalho do Serpro, AGU e suas respectivas políticas de governança de processos e gestão de riscos, incluindo a Presidência da República.

pública no Brasil. Uma plataforma técnica foi desenhada e adotada a abordagem por foco nas entregas. Avaliou-se, utilizando instrumentos pré-definidos para o programa de Teletrabalho em uma Organização Pública no Brasil e o comportamento dos participantes na forma de trabalho denominada Teletrabalho, obtendo assim, resultados positivamente reveladores. Recomendações para os próximos passos na implantação do Teletrabalho serão consideradas pela direção do SERPRO e se estima que a fase seguinte ao projeto piloto será o reconhecimento em virtude dos resultados obtidos por meio do TeleSitema que o Teletrabalho é viável para ser instituído na organização e propagado para outros órgãos públicos.

Introdução

O que é Teletrabalho? Segundo a OIT, é a "forma de trabalho efetuada **em lugar distante do escritório central** e/ou do centro de produção, que permita a separação física e implique o **uso de uma nova tecnologia facilitadora da comunicação**".

O Teletrabalho surge como uma opção de trabalho importante e atrativa, particularmente para a administração pública, sendo que seu principal benefício será o de prover aos empregadores flexibilidade para melhor administrar o desempenho de suas atividades, avaliadas como passiveis de serem realizadas remotamente, e suas responsabilidades/necessidades pessoais. Para os órgãos governamentais, o Teletrabalho pode dispor de uma flexibilidade que faz com que a administração pública se torne mais atraente para potenciais profissionais que queiram ingressar neste setor, e, também, serve de recurso para motivar e reter os empregados talentosos que já trabalham nestas organizações.

O Teletrabalho tem, também, dentre vários benefícios de natureza socioeconômica, aqueles que ainda poderão complementar o sistema de transporte vigente, preservar os recursos do meio ambiente físico, assim como melhorar a qualidade de vida das pessoas. Por outro lado, quando bem implementado, torna-se também um importante instrumento gerencial para inserir as pessoas com deficiência qualificadas que poderiam ser admitidas no serviço público, considerando a existência dos recursos tecnológicos disponíveis que as favorecem, na execução de suas atividades profissionais.

Desta maneira, com a tecnologia da informação já disponível e a necessidade dos empregados públicos em serem mais flexíveis no que se refere: onde, como e quando trabalhar. O Teletrabalho é, sem dúvida, uma solução lógica e promissora para ser adotado, principalmente pelas instituições públicas do Brasil. A modalidade de Teletrabalho não surgiu com a intenção de dá privilégio e nem de punir ela é apenas uma forma diferente de desempenhar atividades passiveis de serem remotamente realizadas. Temos que ter cuidado com as distorções que tem surgidos.

Legalmente, extrai-se das diversas definições já propostas que o teletrabalho é modalidade do gênero "**trabalho à distância**", incluído no c e pressupõe, como elemento diferenciador, a **utilização da tecnologia** nas áreas da informática e das telecomunicações.

> "Art. 6º Não se distingue entre o trabalho realizado no estabelecimento do empregador, o executado no domicílio do empregado **e o realizado a distância**, desde que estejam caracterizados os pressupostos da relação de emprego. (Redação dada pela Lei n. 12.551, de 2011)
>
> Parágrafo único. **Os meios telemáticos e informatizados de comando, controle e supervisão se equiparam, para fins de subordinação jurídica, aos meios pessoais e diretos de comando, controle e supervisão do trabalho alheio**. (Incluído pela Lei n. 12.551, de 2011)"

Distingue-se, todavia, da forma tradicional de "trabalho em domicílio", por caracterizar-se pelo uso de tecnologias facilitadoras na interação com os colegas e na própria execução das atividades, e ainda, pela possibilidade de o trabalho ser realizado em qualquer localidade (escritório virtual), e não somente na residência do empregado.

A pandemia da Covid-19 levou muitas organizações a adotarem o teletrabalho de forma ERMERGENCIAL, em um momento em que poucos órgãos estavam adotando essa modalidade de trabalho de forma lenta com dificuldades devido a mudança que essa modalidade estava causando no comportamento das áreas responsáveis pela gestão de pessoas. Pois o teletrabalho estava inovando a forma de demandar atividade e cobrar resultado.

A pandemia estimulou um grande piloto de trabalho remoto no qual o mundo inteiro se desenvolveu sobre este novo conceito de atuar e muitos preconceitos ou desconhecimento foram quebrados. Essa experiencia mudou a opinião de significante parcela de empregadores e empregados sobre a modalidade Teletrabalho e inclusive nas classificações surgiram, tais como:

- Trabalho presencial – Requer que a pessoa esteja fisicamente no local de trabalho para realizar suas atividades.
- Trabalho remoto – Requer que a pessoa execute as atividades remotamente e os encontros serão esporádicos,
- Trabalho Flexível ou Hibrido – Requer que a pessoa realize as atividades em casa ou do escritório e é esperado que haja encontros presenciais regulares no local de trabalho.

O caso exitoso do Serviço Federal de Processamento de dados (SERPRO), aqui apresentado, no estudo para viabilizar o Teletrabalho para seus empregados no projeto piloto em 2006, irá servir de referência para monitoramento do Teletrabalhador para outros órgãos governamentais no país na adoção deste recurso gerencial, particularmente para aqueles profissionais que se adequam a esta forma flexível de trabalho, e que no final das contas, possam contribuir com seu uso na busca de maior eficiência e produtividade em suas organizações.

Desmistificando o teletrabalho

O que é que Nortel e a IBM têm em comum? Preocupação com a Responsabilidade Social? Uma governança corporativa? Uma linha de serviços ou produtos competitivos? Excelente atendimento ao cliente? Tecnologia avançada? Não necessariamente nenhuma dessas razões, mas sim, o fato de serem ambas organizações que implantaram, com sucesso, o processo de Teletrabalho, utilizando recursos tecnológicos nas áreas das telecomunicações e informática.

Vale salientar que o uso das telecomunicações no Teletrabalho não é considerado algo totalmente inovador, pois, segundo Kugelmass, há indicadores do seu surgimento nos Estados Unidos já em 1857, na companhia Estrada de Ferro Penn. Nesta época, a organização usava o seu sistema privado de telégrafo para gerenciar o pessoal que estava distante do escritório central em Chicago, ao ser delegado aos empregados o controle no uso de equipamento e na mão de obra. Em outras palavras, a organização seguia o fio do telégrafo e a organização acabou por se transformar num complexo de operações descentralizadas.

Logo, o que realmente é novidade nesta área da organização do trabalho, tanto no setor público quanto no privado, e, independentemente do tamanho da organização, as redes de telecomunicações, de custo razoável e com alta performance organizacional, que se tornaram parceiras constantes e fundamentais na gestão das organizações bem sucedidas.

A partir dos sistemas de informações e de comunicações ocupando a distância física entre os empregados de uma mesma organização e entre eles e seus clientes, verifica-se a necessidade de se identificar as novas fronteiras do que se entende por local de trabalho.

De fato, a área física onde se tradicionalmente trabalha não é mais uma entidade tangível e com áreas bem definidas, baseadas em regras e observação visual do processo de trabalho.

Nesta linha de raciocínio, temos agora, dentro desta visão ampla e integrada, os processos gerenciais, convivendo com o trabalho remoto, eletronicamente gerenciado.

Consequentemente, a organização não deve ter mais expectativas, neste processo de mudanças gerenciais, de dispor de empregados que chegam ao local de trabalho na hora marcada e ocupam suas funções pré-estabelecidas nas suas mesas cativas ou salas próprias.

Em face desta inovadora abordagem do Teletrabalho, é necessário entender que nas organizações moderna, a estrutura organizacional, a estratégia, a cultura, os papéis e os processos estão interligados entre si, exigindo um novo alinhamento, equilíbrio e harmonia organizacional. Portanto, as questões centrais estão mudando e têm como fatores críticos para o sucesso do Teletrabalho, o gerente, o supervisor e o empregado, ou seja, da gestão propriamente dita da organização.

Logo, saber quando e em que função adotar o Teletrabalho, é tão importante quanto saber onde não adotar o Teletrabalho, pois já existe uma tecnologia de informação consistente e versátil para apoiar o trabalho fora do escritório, mas ainda temos dificuldades na visão administrativa necessária para gerenciá-lo.

Portanto, não devemos nos esquecer que o Teletrabalho consubstancia o ato de exercer atividades que podem ser realizadas em um domicílio ou locais intermediários, visando a incrementar a competitividade e a flexibilidade nos negócios. Dessa forma, apontam-se como aspectos favoráveis deste processo, além da concentração de esforços: maior capacidade de adaptação às mudanças ambientais; estímulo para as organizações analisarem a sua implantação para melhorar a produtividade, melhorar a qualidade de vida do seu empregado; alavancagem da tecnologia e dos investimentos em pessoal, e assim, obter uma força de trabalho mais eficiente, confiável e produtiva.

Tendo em vista que o propósito do Teletrabalho é, em primeiro lugar, oferecer uma melhor resposta às organizações para enfrentar as pressões do mercado e, em segundo, constituir um elemento-chave para o desenvolvimento estratégico das organizações, sua implantação deve levar em conta a seguinte precaução: evitar apenas visar redução de custos, com corte de pessoal. Assim, ao se adotar o Teletrabalho dentro dos padrões aconselhados, ele se torna um instrumento que beneficia a organização, o empregado e a sociedade concomitantemente.

Vale salientar que particularmente na área de Recursos Humanos, como em outras áreas do conhecimento administrativo, o Teletrabalho é ainda um conceito com muitos desafios, principalmente nas organizações públicas, já tendo causado inclusive confusão terminológica e problemas na avaliação do Teletrabalhador.

Para obter a compreensão correta do termo em inglês "*Telecommuting*" (Teletrabalho) e, para evitar estes ruídos na comunicação no seu entendimento, apresentamos a seguir algumas palavras chave, também em inglês, utilizadas no contexto do ensino e na prática do comportamento organizacional e laboral, no que diz respeito as alternativas flexíveis de trabalho. É fundamental ressaltar que nos principais idiomas europeus (alemão, espanhol, italiano, francês), incluindo o português, não há nenhum termo equivalente para a palavra inglesa "commuting" (ida e volta de casa ao trabalho), de onde se derivou a palavra "*Telecommuting*". Daí a razão de utilizarmos a expressão "*Telecommuting*", no original em inglês, cujo termo correspondente português mais próximo é o Teletrabalho. Como definido por Oliveira, 2009 apresentamos os termos mais comuns no campo da organização de trabalho flexível:

• Autônomo (*Working Solo*) — é o tipo de atividade cada vez mais comum no país. Dentre os profissionais autônomos (*working solo*) encontram-se desde os chamados profissionais liberais (médicos, dentistas, arquitetos, tradutores, etc.) os de baixo nível técnico como motoristas, vendedores ambulantes e serviços de pequenos reparos domésticos, e os incluídos na economia informal; são também conhecidos como *"free lancers"*.

• Centro Satélite (*Satellite Office Center*) — é um edifício de escritórios, ou parte de um edifício, inteiramente de propriedade de uma organização (ou cedido em regime de leasing), ao qual os empregados comparecem regularmente para trabalhar. Há uma diferença entre um Centro Satélite e um escritório tradicional: todos os empregados do Centro trabalham ali porque moram mais perto daquele local do que do local de trabalho usual ou principal, independentemente dos seus cargos. Vale mencionar, que o Grupo Semco, na implantação do Teletrabalho, utilizou o termo "escritório extra territorial" para definir o mesmo significado de centro satélite e o SERPRO usou o termo "Centro-satélite de Telesserviços".

• Centro Local (*Telecenter*) — é um centro local de Teletrabalho é semelhante ao Centro Satélite. A diferença é que o edifício pode abrigar empregados de várias organizações diferentes.

• Escritório em Casa (*Home Office*) — é um dos locais de trabalho mais comuns, particularmente nos Estados Unidos. Os "Escritórios em Casa" incluem: espaço exigindo pela norma de ergonomia; um computador; um telefone na mesa e um local com móveis e equipamentos adequados ao exercício de atividades profissionais. É o esquema de trabalho que surgiu a partir da constatação de que nem sempre as pessoas tem de ir ao escritório da organização para trabalhar e que se tornou possível com os avanços tecnológicos nas áreas da informática e da telecomunicação. Neste aspecto, já estão surgindo em São Paulo empreendimentos imobiliários que contemplam o uso misto escritório/residência em um apartamento num mesmo andar. Estas novas construções vêm de acordo com a nova modalidade de trabalhado denominada Teletrabalho, que irá favorecer os grandes centros urbanos, tornando inevitável sua instituição.

• Escritório Virtual (*Virtual Office*) — é o local de trabalho onde as pessoas levam ou têm a sua disposição tudo o que necessitam para trabalhar (fax, celular, *wi-fi*, *palm*, *notebooks*, etc.); é, na realidade, o local de trabalho desassociado de tempo e lugares específicos, podendo se localizar em casa, no campo, no aeroporto, no escritório da organização, em um hotel etc.

• Negócios em Casa (*Homebased Business*) — são negócios próprios desenvolvidos de preferência por potenciais empreendedores, tendo suas residências como sede administrativa e operacional das atividades desenvolvidas, e que não têm nenhum vínculo empregatício com qualquer organização. Para ter maiores possibilidades de sucesso no seu negócio, o dono deve correr riscos calculados, ter persistência, estabelecer metas, planejar e monitorar, ser autoconfiante, etc.

• Teletrabalho (*Telecommuting*) — termo criado por Jack Nilles em 1976 no seu livro "*The Telecommunications Transportation Trade-Off*". É o processo de levar o trabalho aos empregados em vez de levar estes ao trabalho; atividade periódica fora da organização um ou mais dias por semana, seja em casa seja em outra área intermediária de trabalho. É a substituição parcial ou total das viagens diárias do trabalho por tecnologia de telecomunicações, possivelmente com o auxílio de computadores, e outros recursos de apoio.

• Teletrabalho (*Telework*) — denominação equivalente ao termo Teletrabalho, utilizado na Europa. É qualquer alternativa para substituir as viagens ao trabalho por tecnologias de informação (como telecomunicações e computadores). No SERPRO — Serviço de Processamento Federal, define-se o Teletrabalho como o processo do trabalho realizado em lugar distinto do ambiente físico das organizações, utilizando tecnologias apropriadas para execuções de atividades passíveis de serem remotamente executadas (SERPRO, 2005).

• Teletrabalhador (*Teleworker, Telecommuter*) — é o empregado da organização que trabalha à distância todos ou em alguns dias da semana, utilizando os equipamentos necessários para se comunicar com a organização. É o agente do processo de Teletrabalho. Nestes casos recomenda-se que o empregado venha periodicamente à organização para não perder o convívio social com os colegas de trabalho e com a organização.

• Trabalho Flexível (*Flexible Working*) — é o conceito que envolve uma variedade de novas práticas de trabalho, que incluem tanto as horas de trabalho flexível, os locais flexíveis, como também as formas de contrato de trabalho. Pode também ter o significado de ter o uso flexível do espaço no escritório, onde os empregados não dispõem de suas mesas de trabalho, que são compartilhadas pelos colegas.

O estudo de viabilidade do teletrabalho no SERPRO

O Projeto de Estudo da Viabilidade para Implantação do Teletrabalho no SERPRO — Serviço Federal de Processamento de Dados, na sede da organização em Brasília (DF), foi instituído por meio da Decisão de Diretoria n. 107/2004, em 1º.1.2005, vinculado a Unidade de Alinhamento Estratégico Pessoas desta instituição.

Uma grande preocupação das organizações hoje é promover práticas de gestão inovadores, que estimulem a criatividade e incentivem a participação dos colaboradores, que construam objetivos comuns de qualidade, expressos em sua missão institucional e perseguidos por seus empregados. Uma administração tradicional, por outro lado, tende a pecar pelo excesso de controles que, acompanhados pela falta de bom-senso e inovação, constrói fatores inibidores das práticas administrativas modernas. Isso muito contribui para que uma sociedade se torne burocrática, lenta, quando o que se busca, de fato, são processos flexíveis e adaptáveis a nova realidade do mercado.

Modelo proposto

No modelo proposto e realizado no SERPRO, foram realizados dois tipos de análise, uma relacionada à organização, onde se investigou as atividades do cargo, Variável Critério — VC, passíveis de serem teletrabalhadas. Outra relacionada ao empregado, no que diz respeito às características do perfil, Variável Critério — VC, se apresentava características do teletrabalhador. Com base nestas análises, pode-se verificar a Viabilidade da Implantação do Teletrabalho no Domicílio — Variável Dependente — VD, para os cargos levantados no pressuposto no SERPRO (figura 1).

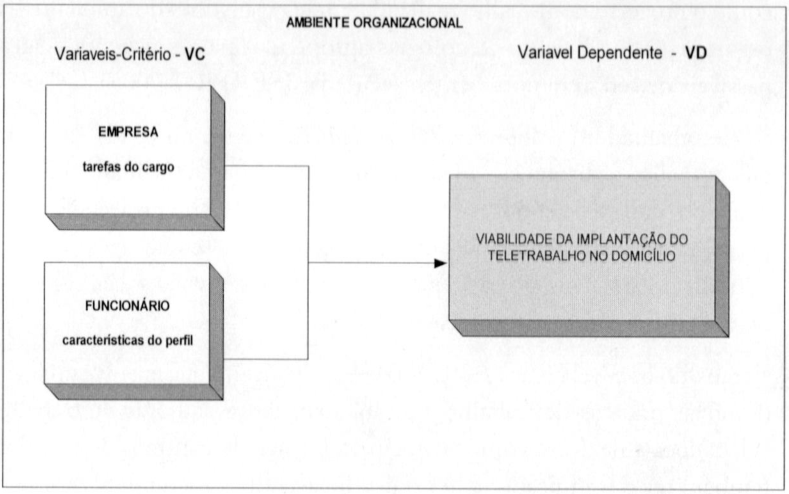

Figura 1: Avaliação da Viabilidade de Implantação do Teletrabalho no Domicílio: Um estudo de caso no SERPRO, (Pinto, 2003).

Aplicação do modelo

A aplicação do modelo de Teletrabalho, criado para o Serpro, obedeceu às recomendações preceituadas por Nilles (1997) e pela Organização Internacional do Trabalho (OIT), a partir da análise das atividades e ou tarefas dos cargos e das características do perfil dos empregados. Desta forma, a implantação do Modelo de

Avaliação da Viabilidade de Implantação do Teletrabalho no SERPRO dividiu-se em 4 etapas (figura 2):

- 1ª Etapa – a realização de estudos prévios das atividades visando o confronto entre as atividades exercidas pelos Analistas e Técnicos com as estabelecidas pela organização;
- 2ª Etapa – o levantamento das atividades do cargo para verificar o percentual de tempo gasto para realização da mesma e seu percentual de independência de localidade;
- 3ª Etapa – Obtenção das características do perfil dos empregados pertencentes aos cargos avaliados.
- 4ª Etapa – Implantação e Monitoramento do Teletrabalho por meio do *TeleSistema.*

Na figura 2 apresentamos um fluxograma com as etapas da aplicação do Modelo que foi avaliado e aprovado, à época.

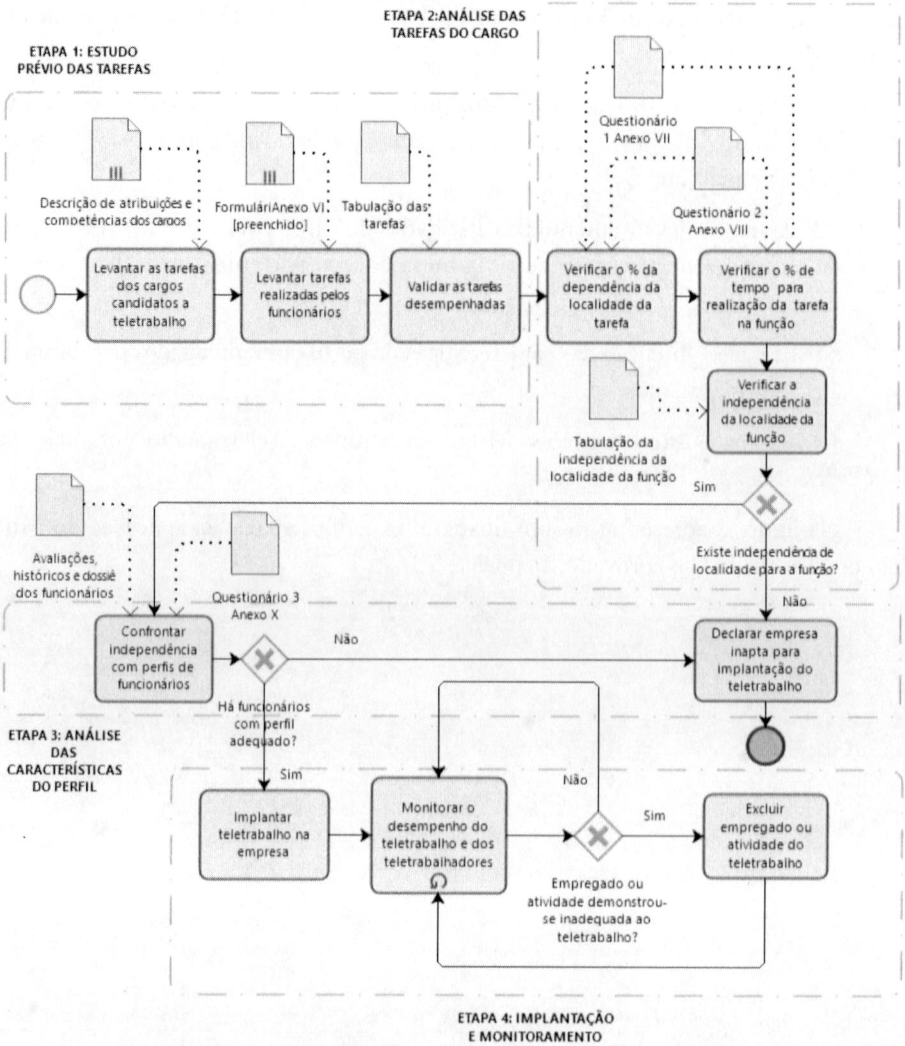

Figura 2: Fluxo operacional da aplicação do modelo (Pinto, 2003)

Vale salientar que o modelo adotado, compõe-se de 4 instrumentos, que são complementares ao estudo documental realizada na pesquisa (PINTO, 2003):

• Formulário – Tarefas desempenhadas pelo cargo – O formulário foi desenvolvido para verificar a correspondência das tarefas do cargo com as tarefas definidas no RARH (2002), em que, além dos cargos levantados no pressuposto, constava ainda o cargo de Auxiliar.

• Questionários 1 e 2 – Análise do cargo: Analista de Sistemas e Técnico de informática – Os questionários 1 e 2 foram elaborados a partir do questionário

Análise da Função, de Nilles (1997), adequando as tarefas de Analistas de Sistemas e de Técnicos de Informática, apuradas por meio da avaliação do primeiro instrumento formulário – Tarefas desempenhadas pelo cargo.

• Questionário 3 – Análise das características do perfil do respondente – O questionário 3 destinou-se a avaliar as características do perfil do empregado que exercia um dos cargos avaliados na pesquisa. O questionário foi elaborado com base nas características fundamentadas por Nilles (1997), com a finalidade de verificar se os empregados atuantes nos cargos de Analista de Sistemas e Técnico de Informática apresentavam os atributos adequados à categoria de teletrabalhadores.

Para aplicação desses questionários criamos alguns instrumentos que auxiliou no entendimento do que estava sendo proposto. Estávamos propondo algo novo e precisávamos detalhar todas as dúvidas que surgiam sobre essa modalidade de trabalho. Sempre que surgiam dúvidas do criávamos instrumento e divulgarmos para organização, segue alguns exemplos:

O passo a passo para o Teletrabalhador — onde detalharmos o que cada Teletrabalhador teria de fazer antes de iniciar suas atividades — modelo do Instrumento abaixo.

PROCEDIMENTOS INICIAIS PARA APOIAR O TELETRABALHADOR.

Etapa Capacitação:

O Teletrabalhador deverá ter concluído todos os cursos que organização considerou essencial para essa modalidade de trabalho e estar de posse dos Certificados de Conclusão.

Etapa Certificação Digital:

*Serão fornecidas pela organização mídias (*Token *ou cartão), hardware onde será instalado o Certificado Digital, com o qual o empregado Teletrabalhador terá acesso por meio de uma rede com o seu* Notebook, *ao ambiente da* Intranet *da organização, e consequentemente ao ambiente de Desenvolvimento e de Produção da mesma.*

As mídias serão fornecidas pela coordenação do teletrabalho ou pela área responsável pela certificação.

O Teletrabalhador, de posse da mídia, deverá acessar a organização.

O gerente imediato do teletrabalhador deverá autorizar a certificação digital de seu empregado teletrabalhador.

Etapa Recebimento do* Notebook *ou* Desktop*:

Os Notebooks ou Desktops serão entregues pela coordenação ou área da organização responsável com o Sistema Operacional (SO) em plataforma Linux e Windows ou Linux ou Windows, em conformidade com os objetivos estratégicos da organização.

Os softwares *serão instalados de acordo com os perfis dos empregados Teletrabalhadores. Haverá também o perfil para os portadores de necessidades especiais.*

A área técnica deverá elaborar um elenco de softwares *básicos para cada um dos perfis, e caso haja necessidade de algum outro aplicativo específico para o desempenho das atividades do empregado Teletrabalhador, será necessário solicitação á área responsável.*

O empregado teletrabalhador e o seu gerente imediato deverão dar o aceite que a estação de trabalho está atendendo plenamente ao que ela se destina, com todo o ferramental técnico para que não haja nenhuma descontinuidade operacional das tarefas executadas pelo empregado, entre o desktop utilizado atualmente na organização e o Notebook *ou* Desktop *a ser utilizado no Teletrabalho.*

Etapa Validação:

O gerente imediato do empregado teletrabalhador deverá preencher o instrumento denominado ***PARÂMETROS DESCRITIVOS DE AVALIAÇÃO PARA O TELETRABALHADOR****, junto com o empregado teletrabalhador (onde deverão constar as atividades que serão teletrabalháveis e os prazos de cada uma delas, e os dias da semana que o mesmo terá de vir à organização). Informamos que o projeto ou programa quando instituído, preconiza que o empregado teletrabalhador deverá vir à organização uma vez por semana na organização (está opção fica sempre acordada entre o gerente imediato e seu empregado teletrabalhador).*

*— Defina o(s) perfil(is) da sua organização, com suas respectivas ferramentas (*softwares*):?*

Contratação de acesso "Banda Larga":

A organização deverá contratar um acesso internet, Banda Larga, junto à concessionária de sua região. No caso de ADSL o Modem *deverá ser instalado o mais próximo do local de trabalho, desta forma a configuração em nível de estação de trabalho.*

Recomendamos que, o ambiente de trabalho seja o mesmo que foi avaliado pelos técnicos da organização, e que, estejam sendo obedecidos rigorosamente os requisitos de ergonomia que foram aprovados.

Atendimento técnico ao empregado teletrabalhador:

A área responsável pela tecnologia ficará responsável pela instalação dos Notebooks*, aos quais os empregados teletrabalhadores deverão entrar em contato para solução de quaisquer problemas.*

Teletrabalhador preparado para ir para casa:

O empregado teletrabalhador e seu gerente imediato deverão fazer as avaliações de aferição dos indicadores antes de iniciar suas atividades no teletrabalho. Esta avaliação deverá estar automatizada para facilitar o processo de avaliação dos indicadores propostos para o teletrabalho.

Informamos que estás avaliações serão feitas antes do início das atividades do teletrabalho e ao final do prazo estipulado pela organização para avaliação do projeto piloto e do programa quando o mesmo for instituído.

Coordenação do Programa Teletrabalho.

- *Procedimentos básicos de ergonomia para auxiliar o empregado Teletrabalhador na montagem do seu escritório doméstico. Modelo do instrumento abaixo.*

REQUISITOS DE ERGONOMIA DO TELETRABALHO NO DOMICÍLIO

FINALIDADE:

Sugerir mobiliário adequado para o desenvolvimento do Teletrabalho no domicilio e apresentar um roteiro para esta avaliação.

ÂMBITO DE APLICAÇÃO:

Todo empregado da Organização.

DETERMINAÇÃO:

Decisão de Diretoria para o Teletrabalho

ERGONOMIA PARA O TELETRABALHO NO DOMICÍLIO E CENTRAL DE ATENDIMENTO

1. RECOMENDAÇÕES

- *escolher um local com no mínimo 3,50 m^2;*
- *instalar mobiliário confortável, com no mínimo, mesa de trabalho, cadeira com braços e gaveteiro volante;*
- *iluminação: manter boa iluminação sobre o ambiente de trabalho, e preferencialmente escolher um lugar que possua iluminação natural;*
- *revestimento de parede, piso e teto devem ser de fácil limpeza e de cor clara;*
- *local bem-ventilado: necessidade de renovação de ar para o empregado e para os equipamentos.*

2. MOBILIÁRIO

a) Cadeira

Sempre que o trabalho for executado na posição sentada, o local de trabalho deve ser planejado para esta posição, incluindo, obviamente, as cadeiras. Alguns requisitos mínimos devem ser atendidos: altura ajustável à estatura do trabalhador e à natureza da função exercida, características de pouca ou nenhuma conformação na base do assento, borda frontal arredondada e encosto com forma levemente adaptada ao corpo para proteção da região lombar.

O cumprimento da Portaria para o planejamento do posto de trabalho quanto à cadeira é disposto de forma menos genérica e mais técnica na Norma NBR 13962. abaixo uma descrição dos itens mínimos a serem atendidos na aquisição do mobiliário:

- *Apoio sobre 5 pás com rodízios, com diâmetro mínimo de 55 mm;*
- *Revestimento do assento e encosto com material que permita a perspiração;*
- *Altura do assento ajustável: intervalo de 42 cm a 52 cm, no mínimo;*
- *Profundidade mínima do assento de 385 mm;*
- *Largura mínima do assento de 450 mm*
- *Possuir borda frontal arredondada com raio entre 4 e 10 cm;*
- *Encosto com altura mínima de 35 cm;*
- *Encosto com largura mínima de 42 cm*
- *Encosto com regulagem de altura, variando entre 3 e 10 cm, a partir do assento;*
- *Encosto com sistema de inclinação, variando, no mínimo, entre -05º e +15º;*
- *Apoio – braço com regulagem de altura entre 180 e 250 mm, medidos a partir do assento.*

b) Mesas de Trabalho com Tarefas Informatizadas

As mesas devem proporcionar condições de boa postura e operação, características da superfície de trabalho compatíveis com a distância entre os olhos e campo de trabalho, dimensionamento adequado para o posicionamento dos segmentos corporais. Estas medidas são para uma estação de trabalho que utilize, como ferramenta de trabalho, o notebook:

2.1. Mesa sem suporte para teclado e mouse (tampo único).

- *Altura da mesa entre 72 e 75 cm;*
- *Comprimento mínimo da mesa de 120 cm (para mesas retangulares);*
- *Profundidade mínima da mesa de 65 cm;*
- *Espaço de profundidade mínima, para os joelhos 45 cm;*
- *Largura livre mínima, para as pernas, de 60 cm;*
- *Borda arredondada do tampo em contato com usuário com raio de 20 mm;*

• *Para pessoas de estatura baixa a média (150 a 175 cm) – apoio para pés com no mínimo três níveis de regulagem e inclinação variando entre -25º e +25º.*

2.2. *Mesa sem suporte para teclado e mouse (tampo em formato L)*

• *Altura da mesa entre 72 e 75 cm;*

• *Comprimento mínimo dos tampos: 120 cm e 150 cm;*

• *Profundidade mínima da mesa de 65 cm;*

• *Espaço de profundidade mínima, para os joelhos 45 cm;*

• *Largura livre mínima, para as pernas, de 60 cm;*

• *Borda arredondada do tampo em contato com usuário com raio mínimo de 20 mm;*

• *Para pessoas de estatura baixa a média (150 a 175 cm) — apoio para pés com no mínimo três níveis de regulagem e inclinação variando entre -25º e +25º.*

2.3. *Mesas com suporte para teclado e* mouse, *sob o tampo*

• *Altura da mesa entre 75 e 80 cm;*

• *Comprimento mínimo da mesa de 120 cm (para mesas retangulares);*

• *Profundidade mínima da mesa de 65 cm;*

• *Espaço de profundidade mínima, para os joelhos 45 cm;*

• *Largura livre mínima, para as pernas, de 60 cm;*

• *Borda arredondada do tampo em contato com usuário com raio de 20 mm;*

• *Para pessoas de estatura baixa a média (150 a 175 cm) – apoio para pés com no mínimo três níveis de regulagem e inclinação variando entre -25º e +25º*

3. CONDIÇÕES AMBIENTAIS DE TRABALHO

a) Ruído

• *O nível de ruído para lugares em que seja exigida solicitação intelectual e atenção constante deve ter para limites de ruído, para conforto, o que determina a norma Regulamentadora n. 17 – ERGONOMIA, em sua alínea "a" do item 17.5.2 e da Norma Brasileira – NBR 10152, da Associação Brasileira de Normas Técnicas — ABNT.*

b) Iluminação

• *A iluminação geral ou suplementar deve ser projetada e instalada de forma a evitar ofuscamento, reflexos incômodos, sombras e contrastes excessivos.*

- *Os níveis mínimos de iluminamento a serem observados nos locais de trabalho são os valores de iluminâncias estabelecidos na NBR 5413, norma brasileira registrada no INMETRO.*

- *A medição dos níveis de iluminamento previstos no subitem 17.5.3.3 deve ser feita no campo de trabalho onde se realiza a tarefa visual, utilizando-se de luxímetro com fotocélula corrigida para a sensibilidade do olho humano e em função do ângulo de incidência.*

***c) Uso de suporte regulável para* notebook**

- *Deverá ser usado o suporte para* notebook, *no posto de trabalho do teletrabalhador, cuja finalidade é permitir que a parte superior da tela fique no alinhamento da visão, conforme figura 1.*

4. OUTROS ITENS QUE CONSIDERAMOS OPORTUNOS DE VERIFICAÇÃO (DESTINADO AOS ENGENHEIROS DE SEGURANÇA OU MÉDICOS DO TRABALHO).

Havendo interesse do empregado teletrabalhador adquirir outros requisitos que auxiliem na composição de uma melhor postura, na estação de trabalho, recomendamos:

4.1. Adquirir

- *Apoio para pés, em três níveis de altura (triangular);*
- *Suporte especial para* Notebook*;*
- *Teclado auxiliar com ou sem fio;*
- *Suporte para teclado com apoio para punho;*
- *Suporte para* mouse (mouse pad*) com apoio para punho;*

4.2. Realizar exercícios laborais

- *Movimento do pescoço;*
- *Movimento dos dedos;*
- *Movimento palma da mão;*
- *Estiramento da coluna;*
- *Movimento das pernas;*
- *Movimento dos braços.*

4.3. Uso de fones de ouvido conjugado com microfone ou headset

- *Os fones de ouvidos conjugados com microfones, deverão ser utilizados, alternadamente, nos auriculares direito e esquerdo. O tempo de uso, em cada auricular, deve ser de no máximo duas horas por período.*

4.4.Realizar periodicamente a limpeza dos* headset, *em particular os fones de ouvido em corino, com água e álcool. Exemplo de exercícios laborais

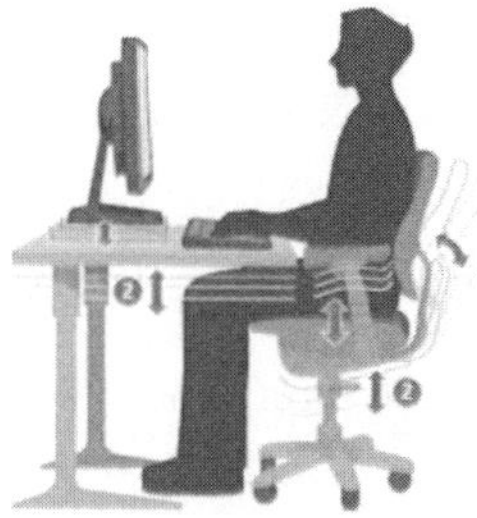

Figura 1 – Fonte: imagens ergonômicas da Internet

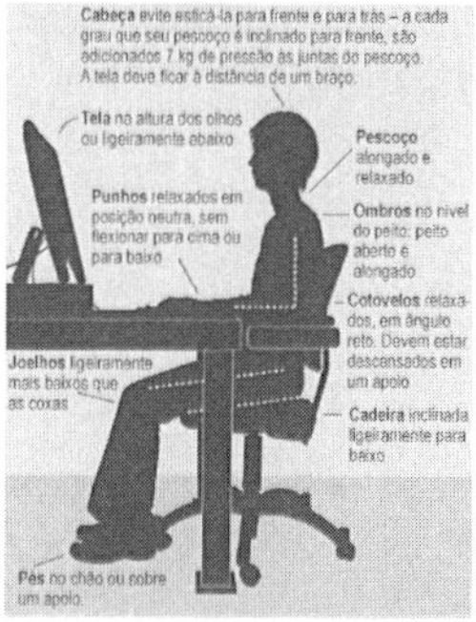

Figura 2 – Fonte: imagens ergonômicas da Internet.

5. ROTEIRO DE AVALIAÇÃO DAS CONDIÇÕES DE RISCOS ERGONÔMICOS E MECÂNICOS NA RESIDÊNCIA DO TELETRABALHADOR.

Nas residências dos empregados Teletrabalhadores deverão ser analisadas, no mínimo as seguintes condições:

5.1. Condições físicas dos ambientes:

5.1.1. Área física para teletrabalhador, ser de no mínimo 3,50m², possuindo mesa para instalação do Notebook, *câmera* Web-Cam, Mouse *externo e área para uma mesa auxiliar destinada a escrita/leitura (mínimo 80x65cm);*

5.1.2. Se as caixas de tomadas elétricas e telefone/lógica estão devidamente instaladas, e em quantidades necessárias;

5.1.3. Se a carga elétrica está compatível com a carga necessária (não permitir instalação promissória);

5.1.4. Se as conexões para sistema lógico estão de acordo com o projeto;

5.1.5. Se as fiações elétricas, lógicas e de conexão CPU/vídeo, não geram condições de risco (Queda e/ou choque elétrico);

5.1.6. Cadeira com assento e braços regulável, e encosto com sistema relax de tamanho médio (revestida em tecido 100% poliéster ou 100% lã ou couro, nunca Courvin)

5.2. Condições ergonômicas.

5.2.1. Mesa para o Notebook *e auxiliar, entre 72 e 75 cm de altura;*

5.2.2. Mesa, com suporte para teclado/mouse sob a mesa, altura da mesa entre 75 e 80 cm;

*5.2.3. O suporte para teclado/*mouse *deverá estar a cerca de 07 centímetros, medidos entre a superfície de apoio do teclado/*mouse *e o fundo da mesa;*

5.2.4. Mesas compostas de material semifosco (compensado com laminado melamínico ou postform), bordas arredondadas, de no mínimo 15 mm, nas laterais da mesa, preferencialmente em PVC;

5.2.5. Cadeiras possuindo as seguintes características mínimas:

5.2.5.1. Assento – 460x480 (largura x profundidade);

5.2.5.2. Encosto – 420x420 (largura x altura);

5.2.5.3. Sapatas (diâmetro mínimo) – 550 mm (estabilidade);

5.2.5.4. Altura mínima/máxima do assento em relação ao piso – 420/520 mm;

5.2.5.5. Cursor do pistão a gás – 100 mm;

5.2.5.6. Apoio para o braço, com sistema regulável, altura mínima de regulagem em relação à face superior do assento de 180 mm.

*5.2.6. Mouse ergonômico, tipo óptico com apoio para punho (*mouse pad*);*

5.2.7. Índice de iluminação acima dos 300 luxe e não superior a 750 luxes, medidos sobre a superfície da mesa;

5.2.8. Níveis de ruído 65 dB(A) (NR-17 – ERGONOMIA);

5.2.9. Nível de temperatura entre 20º e 23º C (NR-17 – ERGONOMIA).

5.2.10. Possuir tomadas tripolar (tomadas 2P+T – Fase/Neutro/Terra) para a ligação do Notebook*, ou seja, possuir aterramento.*

5.2.11. Na falta de aterramento, deverá ser adquirido um mini no-break*, com supressor de surto.*

Coordenação do Programa Teletrabalho.

• Um dos instrumentos mais importantes do modelo em questão foi o instrumento da Avaliação Psicossocial (material só do psicólogo avaliador), criado com apoio de psicólogas da UNB, conforme registrada em meu livro Teletrabalho — Alternativa

de trabalho de trabalho flexível. Esta avaliação foi o diferencial para o sucesso do modelo. A questão que consideramos fundamental no processo foi o fato de que nem todo empregado tem o perfil adequado para ser um Teletrabalhador e esta avaliação nos possibilitou verificar se o empregador voluntário ao teletrabalho estava apto ou não a ser um Teletrabalhador. Modelo do instrumento abaixo:

AVALIAÇÃO PSICOSSOCIAL — ROTEIRO DE ENTREVISTA PARA SELEÇÃO

• ***Identificação***

Nome:

Endereço:

Idade:

Estado civil:

Filhos:

quantos:

idades:

sexo ( )F ( )M

Escolaridade:

Lotação:

Cargo:

• ***Papeis na organização***

• *Nas atribuições de suas atividades você tem clareza do que a Organização quer de você?*

• *Sente-se satisfeito com suas atribuições? Comente.*

• *Como está seu ambiente de trabalho? Comente.*

• *Como é a sua relação com a equipe? Comente*

• ***Teletrabalho:***

• *Você se adapta com facilidade a novos ambientes de trabalho?*

• *Como é o processo de adaptação, para você, a novos ambientes de trabalho? Comente.*

• *Porque está participando do Teletrabalho?*

• *O que o(a) motivou a participar do Teletrabalho?*

• *O que o Teletrabalho pode ocasionar no desempenho de suas atividades?*

• *Quais as dificuldades que você acredita que irá ter ao desempenhar a atividades no Teletrabalho?*

• *Por favor, pense na sua vida no que diz respeito a estudo, atividades físicas (esportivas ou não) e sua vida profissional... agora me diga: em relação a esses aspectos de sua vida, o que mais te motiva em cada um?*

OBS.: *Intenção "oculta": verificar se o entrevistado precisa mais de motivação "externa" ou se é capaz de se "auto-motivar.*

Qual sua meta de vida, ou seu maior sonho? Qual o prazo estipulado e o que tem feito (planos) para alcançá-lo.

OBS.: *Intenção "oculta": Verificar como o entrevistado se vê em relação à autodisciplina, uma vez que vícios exigem auto-disciplina para serem superados. Verificar como.*

Pense em cinco coisas que você mais gosta de fazer nas horas de lazer da sua vida e me diga. Agora pense cinco que você mais detesta e me diga também.

OBS.: *intenção "oculta"; verificar, pelos gostos e rejeições, se a personalidade do indivíduo tende mais à extroversão ou introversão. Mais importante do que isso é observar as características de introversão ou extroversão do candidato pelo próprio comportamento do mesmo na entrevista.*

Me fale o que quiser sobre sua família:

• *Sendo solteiro – Como é a sua relação com os familiares? mora com os seus pais? Me conte como é seu convívio com eles etc...*

• *Sendo casado: Como é a sua relação com os familiares? Você tem XX filhos, fale um pouco sobre o seu convívio com eles, como eles são. Sua esposa trabalha?*

• *Se for separado: Como é a sua relação com os familiares? Você tem XX filhos, fale um pouco sobre o seu convívio com eles, como eles são. Sua relação com a ex-esposa.*

OBS.: *Intenção "oculta": verificar a estrutura e a relação familiar não interferirá no ambiente do teletrabalhador.*

Atividades fora da Organização

Quais suas atividades fora da Organização?

Profissionais, comente;

• *Lazer, comente;*

Você prática esporte ou exercício físicos? Quais? Qual a periodicidade? O que o leva à prática de tais esportes ou exercícios?

Você mantém algum "hobby"? Quais? O que o motivou a adquirir este "hobby"?

Você trabalhar como voluntário em algum projeto social? Comente?

Como você se vê profissionalmente e pessoalmente daqui a anos (01, 05 e 10 anos)?

COMPETÊNCIAS	SE	APL	AParc	NA
Comportamento Ético				
Foco no Cliente				
Relacionamento Interpessoal				
Disciplina e Organização				
Comunicação				
Capacidade de atuar sob pressão				
Flexibilidade				
Orientação para resultados				
Automotivação				
Autodisciplina				
Adaptação				
Bom senso				
Confiabilidade				
Autodesenvolvimento				
Trabalho em equipe				

SE = Superou as Expectativas / APL. = Atende Plenamente / APARC = Atende Parcialmente / NA = Não Atende

Coordenação do Programa Teletrabalho.

Neste sentido, o maior desafio da implantação do Teletrabalho foi como monitorar remotamente o empregado. Desafio que permeia as organizações até os dias de hoje. O Projeto em foco propôs a criação de um programa sugerindo normas de implantação.

Enfim, a implantação do Teletrabalho no SERPRO foi efetivada por meio de mudança em aspectos da sua cultura e da estrutura organizacionais. Embora grande parte dos seus empregados utilize-se de tecnologias de informação para a execução de suas atividades, o maior desafio para da implantação do Teletrabalho não foi tecnológico, mas organizacional e humano, na gestão do Teletrabalho.

Monitoramento remoto do SERPRO — *Telesistema*

Naturalmente que toda iniciativa, após o convencimento da sua implantação, precisa, posteriormente, justificar sua manutenção para que se torne perene e integre a cultura organizacional dada as suas características de prover benefícios. A preocupação com os benefícios que o Teletrabalho poderia prover tanto para a organização quanto para os empregados esteve sempre presente desde a concepção dessa inovação no Serpro.

Assim, tão imediato o Teletrabalho foi implantado, desejava-se comprovar como ele viabilizava se fazer "mais" e "melhor" com menos recursos. Então, entrou em cena a Gestão por Resultados para apoiar o projeto do Teletrabalho.

A base de uma gestão por resultados são os indicadores de desempenho, assim foi elaborado o que medir. Esta elaboração apoiou-se na metodologia *Balanced Scorecard* criadas por Robert Kaplan e David Norton (Kaplan, 1997) que orienta a partir das perspectivas que se deseja monitorar. No caso foram definidas as perspectivas e seus respectivos indicadores de desempenho, conforme descritos a seguir:

• Finanças

- Economia de recursos

- Custo com deslocamento

• Processos

- Adaptação ao Teletrabalho

- Desempenho e produtividade

• Pessoas

- Administração do tempo

- Conforto físico

- Integração familiar

- Qualidade de vida

- Nível de estresse

- Tempo de deslocamento

• Ambiente organizacional

- Conformidade profissional

- Integração profissional

Se os indicadores de desempenho são a base para a gestão por resultados, a base dos indicadores de desempenho são os dados. Para coletar os dados de formação dos indicadores definidos, foram criados dois questionários: um a ser respondido pelos empregados em Teletrabalho e outro a ser respondido pelos seus gerentes.

Tendo tudo planejado para a gestão dos resultados do Teletrabalho, partiu-se para a operacionalização de tal gestão utilizando uma solução caseira do próprio Serpro que havia sido premiada pela Enap (Escola Nacional de Administração Pública) em seu 10º Concurso Inovação na Gestão Pública Federal (Morais, 2006). O sistema PIER, premiado pela Enap, foi uma solução em *software* livre (PhP e MySQL) criada por um empregado do Serpro, o qual relata esta parte do case, Adinilson Martins, e adaptada na gestão do Teletrabalho do Serpro, transformando-se no ***Telesistema***.

Numa explicação resumida, o ***Telesistema*** mantinha o cadastro de teletrabalhadores e seus respectivos gerentes, que respondiam, periodicamente, os seus respectivos questionários de avaliação do Teletrabalho disponibilizados "eletronicamente" no ***Telesistema***. Os dados dos questionários eram consolidados nos indicadores de desempenho que o sistema apresentava na forma de gráficos em um painel. A cada ciclo de avaliação, os coordenadores do Teletrabalho, também cadastrados no ***Tele-sistema***, deveriam alimentar uma seção de Análise Crítica do Desempenho (ACD), onde explicavam o desempenho apontado pelo indicador, as propostas de melhoria de desempenho e as expectativas para a próxima rodada de avaliação, realizando, assim, uma prática alinhada com o famoso PDCA (*Plan, Do, Check, Act*), um modelo de melhoria contínua.

Como de praxe, o primeiro ciclo de avaliação do desempenho dos indicadores do Teletrabalho foi mais focado em revisão e ajustes do conceito, estrutura dos indicadores e de suas alimentações.

Conforme já registrado, ainda que, aparentemente, acredite-se que se esgotou e está impecável a formação teórica de um painel de indicadores, é só na prática de medição que se confirma a estruturação desejada. Não se trata de uma falha de planejamento, se trata da maturação natural da implantação do processo de avaliação do desempenho. E vale lembrar que esta maturação é continua e mais de uma vez, pode ser que se necessite revisar e reformular os indicadores e a operacionalização da Gestão.

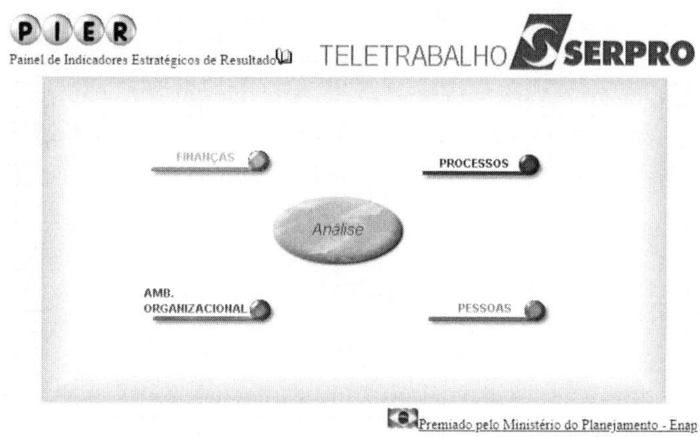

Um desafio na implementação dos indicadores, foi obter valores iniciais de referência da vida presencial dos empregados dentro das locações da organização para poderem ser comparados com os resultados posteriores medidos durante a experiência de teletrabalho. Não havia um monitoramento sistemático nas perspectivas que se pretendia medir o desempenho do teletrabalho. Por isso, o primeiro ciclo de avaliação (Fase 0) tratou de mensurar o desempenho dos indicadores propostas antes mesmo dos empregados entrarem em teletrabalho. Com as adequações e ajustes realizados, já a partir do segundo ciclo de avaliação gerou-se ações sobre as oportunidades de melhoria identificadas. Ações de melhoria foram encaminhadas e tratadas, levando os resultados ao alcance das metas almejadas. Pronto estava implantada a Gestão por Resultados no Teletrabalho. Abaixo seguem alguns resultados obtidos pelo projeto piloto:

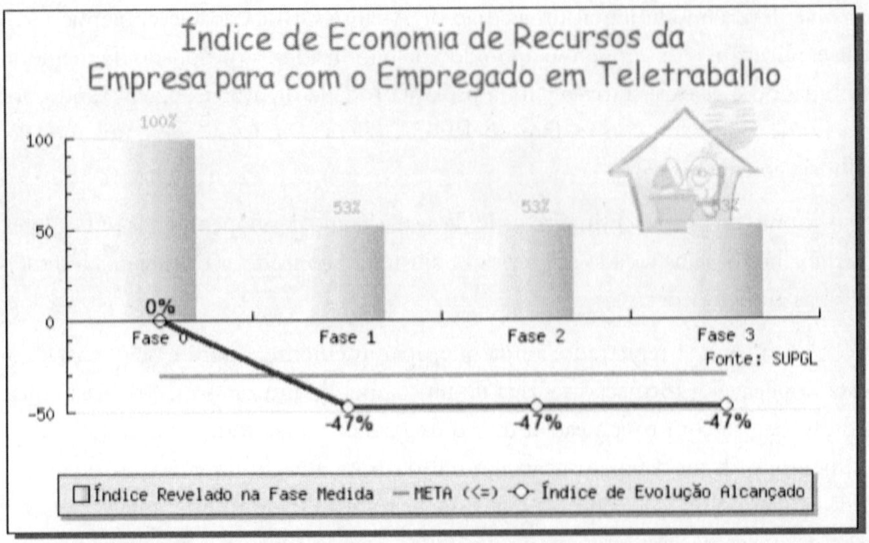

As torres amarelo/laranja indicam o quanto de recursos como água, energia elétrica, serviços gerais, etc. os empregados utilizaram durante o projeto piloto. Na Fase 0 os empregados estavam locados na organização e a partir da Fase 1, passaram a atuar parcialmente em Teletrabalho. A linha azul demonstra a redução na utilização desses recursos, ou seja, quase 50% de economia de recursos para a organização com o empregado atuando em Teletrabalho, superando a meta de economia que era de pelo menos 40%.

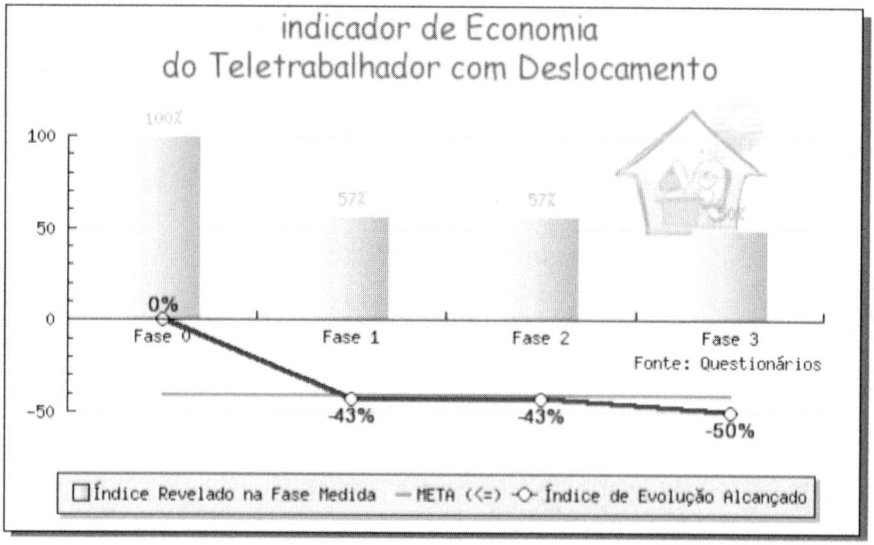

Similar ao gráfico anterior, este gráfico mede a economia do próprio teletrabalhador com deslocamentos para a organização. Como nem todos os teletrabalhadores atuavam em semana integral em casa, a economia foi de apenas 50%. Com o Teletrabalho integral, somado à facilidade das reuniões virtuais, a economia pode chegar a 100%.

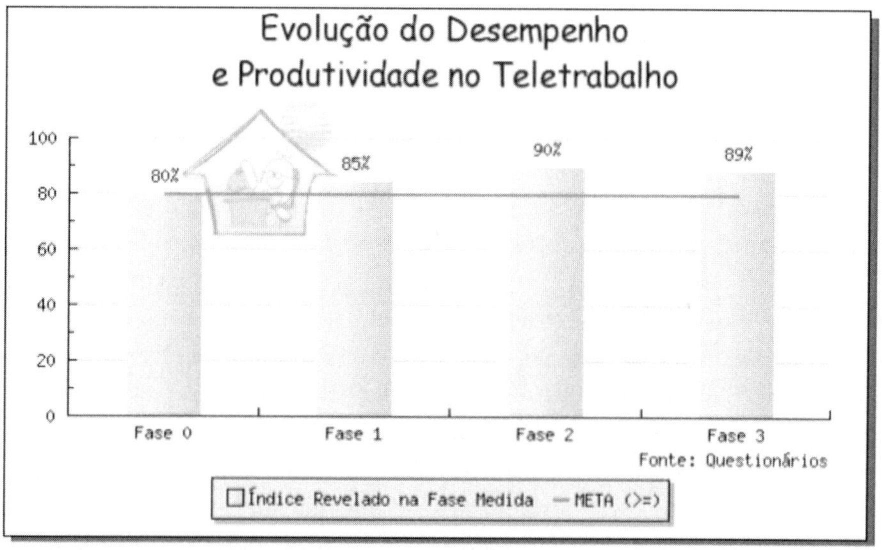

Havia um mito que o empregado em Teletrabalho produziria menos, mito este que foi quebrado imediatamente com a publicação deste gráfico. Atuando dentro das locações da organização, a produtividade dos empregados foi avaliada em 80%. A meta estabelecida era que os empregados mantivessem seus índices de produtividade. As torres azuis demonstram que a média de produtividade superou a meta estabelecida na a partir da fase 1 de medição, quando os empregados passaram a atuar em Teletrabalho. Este indicador foi formado por dados fornecidos pelos questionários respondidos pelos próprios gerentes does teletrabalhadores.

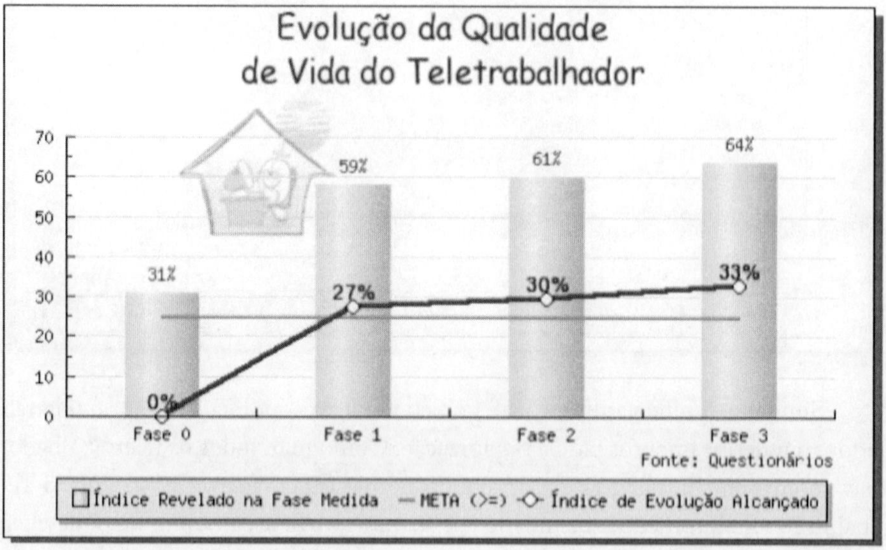

A primeira torre vermelha demonstra que a percepção de qualidade de vida dos teletrabalhadores quando atuavam dentro da organização, era de apenas 30%. Logo na fase 1 esta percepção aumentou para, praticamente o dobro. E no último ciclo de medição superou os resultados iniciais, mais que dobrando a percepção do aumento de qualidade de vida do empregado atuando em Teletrabalho.

Importante destacar que os projetos de Teletrabalho inovam não só na forma de trabalhar, mas também na forma de gerir, pois dada a necessidade de se fazer a gestão dos seus resultados para justificar e monitorar sua adoção, tais projetos acabam por despertar a necessidade de se adotar a gestão por resultados, também, na atuação dentro das locações da organização. Um exemplo disso é o recente Decreto N. 11.072, publicado em 17 de maio de 2022, que, embora disponha diretamente sobre o Programa de Gestão e Desempenho — PGD da administração pública, tal disposição visa atender, principalmente, a implementação do Teletrabalho. O decreto traz a orientação para a "substituição dos controles de assiduidade e de pontualidade por controle de entregas e resultados", viabilizando e autorizando, no seu art. 6º, a modalidade de teletrabalho. Sobre o controle de entregas e resultados, destaca-se que "o PGD é instrumento de gestão que disciplina o desenvolvimento e a mensuração das atividades realizadas pelos seus participantes, com foco na entrega por resultados e na qualidade dos serviços prestados à sociedade". O PGD deve ser baseado em planos de trabalho com data de início e de término, metas e prazos e, além de aplicar-se ao teletrabalho, aplica-se também na modalidade presencial. Até mesmo a existência de uma espécie de "***Telesistema***" é orientada no decreto: "art. 3º, § 4º. A instituição do PGD exigirá a adoção de sistema informatizado de acompanhamento e controle que permita o monitoramento eficaz do trabalho efetivamente desenvolvido pelo agente público."

Ou seja, com a publicação do Decreto n. 11.072/2022 a Administração Pública Federal (APF) institui, nas organizações, o Teletrabalho e a gestão por resultados ao mesmo tempo. A célere frase "o que não é medido não é gerenciado" deixa de ter efeito sobre a APF que agora "decreta" o gerenciamento do desempenho.

Embora tal gestão por resultados adotada pela APF ainda seja restrita à perspectiva de processos (produtividade e qualidade das entregas), deve-se considerar que já um grande passo para um gerenciamento mais efetivo, que em algum momento pode evoluir para uma abrangência próxima a proposta do projeto do Serpro que contemplou outras perspectivas, também, muito importantes, como a financeira, a pessoal e a de ambiente organizacional, observando os resultados públicos com vistas a atender os princípios constitucionais de eficiência, eficácia.

Conclusões

Observando os resultados alcançados no projeto piloto de Teletrabalho com os resultados verificados em atuação presencial nas locações da organização, pode-se assumir que foram atingidos os objetivos propostos com os indicadores, que, com a dependência dos seus instrumentos, pode avaliar essa nova forma de trabalho — o Teletrabalho. As organizações, podem validar, por empregado, o tempo de acesso às bases de dados da organização diariamente, conforme acordado. Os empregados podem ter conhecimento da independência da localidade e do tempo que as tarefas desempenhadas por eles podem ter, por fim, o conhecimento das características do seu próprio perfil.

Os dados que foram compilados das respostas dos instrumentos aplicados por meio do ***Telesistema*** aos empregados do Serpro apontaram para a dependência e a importância de um modelo criado e estruturada para a realidade da organização.

Com a metodologia aplicada, acredita-se que um dos caminhos em direção a uma organização competitiva não será tão árduo, mas sempre exigirá muita disciplina e persistência. Entretanto, admite-se que a eficiência de uma avalição com indicadores apropriados e ajustados poderá ser a forma correta de continuarmos aprendendo sobre as inovações nas novas formas de trabalhar.

Portanto, observou-se que o Teletrabalho (remoto, flexível ou híbrido) já está comprovado que é uma forma de trabalho viável, para os cargos passiveis de serem remotamente realizáveis.

Referências bibliográficas

BRASIL. *Decreto-lei n. 5.452, de 1º de maio de 1943.* Consolidação das Leis do Trabalho.

______. *Decreto-lei n. 11.072, de 17 de maio de 2022.* Dispõe sobre o Programa de Gestão e Desempenho – PGD da administração pública federal direta, autárquica e fundacional. Brasil, 2022.

______. *Lei n. 12.551, de 15 de dezembro de 2011.* Altera o art. 6º da Consolidação das Leis do Trabalho (CLT)

KUGELMASS, Joel. *Teletrabalho* — Novas Oportunidades para o Trabalho Flexível. São Paulo: Atlas, 1996.

NILLES, Jack M. *Fazendo do Teletrabalho uma Realidade:* um guia para telegerentes e teletrabalhadores. São Paulo: Futura, 1997.

OLIVEIRA, Joselma. *Teletrabalho:* alternativa de trabalho flexivel. Editora Senac, 2009.

OIT. Conferência Internacional del Trabajo, 82ª Reunião. *Informe V (1) e V (2) del 5º punto del dia.* Trabajo a domicilio. Oficina Internacional del trabajo. Ginebra, 1995. 106 p.

PINTO, Joselma Oliveira. *Avaliação da viabilidade de implantação do teletrabalho no domicílio:* um estudo de caso no SERPRO. Florianópolis, 2003. Dissertação (Mestrado em Engenharia de Produção) – Programa de pós-graduação em Engenharia de Produção. Universidade Federal de Santa Catarina, 2003.

Regimento de Administração de Recursos Humanos – RARH. Organização SERPRO. Capitulo III, título 2, 2002.

Telework: Management Priority – A Guide for Managers, Supervisors and Telework Coordinators-Office of Personnel Management (OPM)/GeneralServices Administration (GSA), Washington, 2005.

Deployment of Teleworking European Public Administration — An Overview, European Foundation for the Improvement of Living and Working Conditions. Vienna,1999.

KAPLAN, Robert S. *A Estratégia em Ação.* 19. ed. São Paulo: Campus, 1997.

MORAIS, Juliana. *Ações premiadas no 10º Concurso Inovação na Gestão Pública Federal.* 2005. Organizado por Juliana Girão de Morais. Brasília: ENAP, 2006.

Software Livre no Teletrabalho (Espanha)

Roberto Brenlla[1]

1. Prefácio

Nestas poucas páginas pretendo destacar a importância que o Software Livre pode nos oferecer para termos um teletrabalho com garantias de segurança e qualidade, tanto para a organização quanto para as pessoas e seus dados confiados a ela.

É por isso que, muito resumidamente, vou apresentar o Software Livre e a seguir minha experiência com o teletrabalho "natural[2]" e o teletrabalho certificado.

Finalizo apenas apresentando o que acontece na Espanha quanto a normativa legal a respeito do teletrabalho assim como guias práticas recomendas pelo o Instituto Nacional de Ciberseguridad do governo espanhol.

Uma introdução ao Software Livre.

2. Por que falar de *Software* Livre?

Uma resposta bem rápida:

Todos usamos Software *Livre!*

(1) É economista, Master em Direção de Empresas pela Escola de Negócios Caixavigo através do IGAPE (Xunta de Galiza). Sócio fundador de Tegnix, consultora tecnológica especializada em Software Livre (em adiante SwL). Brenlla descobre o SwL em 1997, registra-se como GNU/Linux Registred User #124437, funda a associação sem ânimo de lucro AGNIX (2003) para promover a GNIX, uma personalização de GNU/Linux em galego e castelhano com o simples alvo de difundir as bondades do SwL, ajudar à alfabetización e mostrar a independência tecnológica que o SwL permite. Tem escrito infinidade de artigos na extinta agnix.org que também fundou, dado múltiplos cursos assim como conferências não só por toda Galiza mas também na Espanha (Cáceres, Badajoz, Málaga, Madrid e Zaragoza) e o estrangeiro: Lisboa, Luanda (Angola), Porto Alegre (Brasil), Genebra (Suíça). Foi presidente da AGASOL, a associação de empresas galegas especializadas em SwL, ostentou a secretaria de ASOLIF (a federação espanhola de empresas de SwL) e presidiu o Centro de Referência de Formação de SwL de ASOLIF que também fundou.

(2) Teletrabalho "natural" é aquele feito sem planejamento nem estruturação. É um termo que decidi usar para diferenciá-lo do, por exemplo, certificado e planejado.

Mesmo que seja um *hacker*(3) ou leigo em tecnologia, todos nós usamos *Software* Livre (**SwL**(4)). Portanto, como não falar do SwL no Teletrabalho!

Seja por usar internet em geral ou *sites* como Google e Facebook, qualquer celular, TV, satélites espaciais, caixas eletrônicos, sistemas operacionais como os da Microsoft ou Apple... Tudo teve (ou tem) uma participação, quase sempre majoritária, do SwL. Portanto, sim, falemos de SwL no Teletrabalho.

E, além disso, vamos tentar tirar todas as vantagens de usarmos SwL e melhorar o teletrabalho, seja por motivos pessoais, organizacionais ou tirar vantagens competitivas frente à concorrência.

Permitam-me tratá-lo com uma linguagem direta, incisiva, com o alvo de que seja uma aproximação progressiva, rápida e didática.

Nas próximas páginas vou mostra-lhes com um pouco mais de precisão o por quê do SwL, sua evolução, alguns aspetos legais ou os casos de sucesso mais destacáveis para poder abordar com mais justificativa o por quê deveríamos tê-lo muito presente na hora de desenhar processos de teletrabalho com garantias.

Um ótimo professor no seu primeiro dia de aula nos deu a seguinte fórmula:

Decisão = Informação + Risco

Ou seja, na hora de decidir, é bom estarmos bem informados para tomar a melhor das decisões assumindo os mínimos riscos. Esse é meu alvo na hora de apresentar o SwL para que todos possamos construir o melhor dos baluartes para usufruir as vantagens de teletrabalhar.

3. Mas, que é o *software* livre?

Rápido, sim, mas começando do zero com algumas pitadas da História.

O que é *hardware*? Tudo o que podemos tocar fisicamente, ou seja, teclado, *mouse* e assim em diante.

O que é *software*? O que faz a pessoa interagir com o *hardware* para obter o resultado.

Para atingir isso precisamos de:

- um código fonte;
- um executável (programa, binário, *app*, aplicativo...).

O código fonte é "a receita do bolo" criada por quem cozinha; o executável é "o bolo" que é comido pelas pessoas.

---

(3) Hacker: <https://pt.wikipedia.org/wiki/Hacker>.

(4) Usaremos a notação **SwL** para Software Livre também junto com o *Open Source* (Código Aberto).

Historicamente, o *software* era o secundário pois sempre se acompanhava colado com o *hardware* que era o realmente valioso. Com as décadas os custos baixaram e uma empresa, nomeadamente IBM em 1969, separou os dois conceitos, *hardware* e *software*, forçada pela Lei Antitruste[(5)] norte-americana. Após isto vieram muitas mais empresas a cobrar pelo hardware e pelo software separadamente. Nascem as **licenças de *software*** sujeitas ao *copyright*, reconhecimento de direitos autorais. Esses direitos autorais, por defeito, adotam a opção "Todos os direitos reservados" e, só para ampliar algum detalhe importante, nos Estados Unidos até podem ser patenteadas algumas ideias e códigos enquanto na Europa não.

Eis que **Richard M. Stallman**[(6)], um prodígio que aos 15 anos já trabalhava para o **MIT**[(7)], chateado com o rumo do que acontecia, criou a **FSF**[(8)] para defender o que considerava justo: oferecer o código junto com o programa (dar a receita com o bolo).

Compraria um bolo sem receita? Compraria uma casa sem planos? Por que assumimos que podemos comprar software sem saber o que realmente faz? Por que confiar apenas no que "vemos o que faz"?

E, muito resumidamente, foi assim que nasceu a FSF em 1984, definindo o SwL como aquele *software* que inclui as "**4 Liberdades**[(9)]":

1. Uso (para qualquer propósito);

2. Modificação (só pode ser modificado se temos o código);

3. Distribuição;

4. Distribuição das modificações sob a mesmas liberdades anteriores.

É importante dizer que a ênfase da FSF foi colocada na **Ética**, para preservar os direitos de quem usa o *software*. A própria FSF disse: "*SwL é aquele* software *que dá a quem o usa a liberdade de compartir, estudar e modificá-lo. Dizemos SwL porque quem o usa é **livre***".

4. Falemos de Linux, por quê?

Novamente, uma resposta bem rápida:

Porque todos usamos Linux!

(5) Lei Antitruste e a IBM (Historia): <https://pt.wikipedia.org/wiki/Software_propriet%C3%A1rio>.

(6) Richard M. Stallman: <https://pt.wikipedia.org/wiki/Richard_Matthew_Stallman>.

(7) MIT, *Massachusetts Institute of Technology*: <https://pt.wikipedia.org/wiki/Instituto_de_Tecnologia_de_Massachusetts>.

(8) FSF, *Free Software Foundation*: <https://www.fsf.org/>.

(9) A numeração começa propositalmente pelo "0" porque é assim como acontece em programação.

O que é Linux[10]? Simples, é um sistema operacional, gestor de *software* detrás do que usamos para interagir com nossos equipamentos ou computadores. Além disso, Linux é um magnífico exemplo de trabalho colaborativo. Como colaboraram? Teletrabalhando!

Portanto, quase[11] podemos afirmar que

Linux é o primeiro e maior exemplo de teletrabalho!

E é fato! Linux começou a ser desenvolvido em 1991, ou seja, mesmo antes da WEB, sim, antes das www, *sites* ou *browsers*... Em 1997 já havia um Linux instalado num dos maiores supercomputadores[12] do mundo! É um magnífico exemplo da importância do teletrabalho e a potência da colaboração já desde o século passado! Hoje o projeto segue ativo e sua onipresença e quase que inevitável pois domina muitas das parcelas tecnológicas, mas de modo invisível.

5. Código aberto — *Open source*

Com o imediato sucesso de Linux como sistema operacional, oportunistas se somaram à estratégia de desenvolvimento com mínimas variantes, mas se posicionando para apoiar o novo modelo, tirando a Ética da equação. Ética e negócios nem sempre casam bem.

Foi assim que em 1998 nasceu o movimento *Open Source Initiative*[13] (OSI). Em 1999 a IBM criou a *Apache Software Foundation*, sim a IBM! A primeira que decidiu vender separadamente *hardware* e *software* "fechado"! Várias iniciativas mais apareceram... tantas que é preferível obviá-las e, se me permitem ser didático admitindo imprecisões, juntando toda essa amálgama como SwL.

6. Sucesso continuo

Lembremos que toda internet foi feita com protocolos abertos e livres. Ou seja, se usamos internet, já usamos SwL. Que usam os maiores supercomputadores do mundo? O 100% Linux, SwL. E os servidores da minha empresa ou organismo público, majoritariamente SwL. O que usa meu celular? Se é Android, é SwL pois é baseado em Linux; se é Apple, também usa SwL (junto a outros códigos fechados). E assim em diante, TVs, sinais de trânsito, *browsers* (Chrome, Firefox...), calculadoras, veículos, TPVs, a NASA... É como uma "marca branca", é amplamente usada, porém, quase ninguém sabe!

---

(10) Linux: <https://pt.wikipedia.org/wiki/Linux>.

(11) Por que "quase"? Porque considero melhor deixar a porta aberta a mais exemplos e contribuições.

(12) Na atualidade Linux está no 100% dos 500 maiores supercomputadores do mundo: ~<https://top500.org>.

(13) *Open Source Initiative*: <https://pt.wikipedia.org/wiki/Open_Source_Initiative>.

O que fica claro é que o poder da colaboração em massa com as ferramentas adequadas e mesmo com pessoas distantes entre si, ou seja, **teletrabalhando**, podem atingir objetivos inimagináveis.

Eis outro exemplo: Wikipédia. Se perfeiciona e cresce constantemente, mesmo com os deboches da concorrência. Cadê a enciclopédia Larrouse? Nascida no século XIX, usada com prestigio no XX e hoje... não temos mais. Cadê a enciclopédia digital Encarta?

7. Esclarecendo conceitos...

Para fechar esta parte, é bom deixar bem claro conceitos que foram tratados acima, com certeza, muito rapidamente:

- SwL **não é grátis**, é livre! Mas pode ter que pagar(14) por serviços de alta qualificação técnica;
- SwL e *software* fechado têm proprietários, autores que fizeram um trabalho, portanto, os dois são *software* "proprietário";
- Tanto o SwL e quanto o software fechado têm licenças, portanto, *copyright*;
- SwL dá as 4 liberdades, *software* fechado tem "todos os direitos reservados";
- **SwL não é de Domínio Público**, é preciso respeitar sua licença.

Teletrabalho e Software *Livre*

Mesmo que o teletrabalho fosse usado amplamente no passado pelo SwL, especialmente por pessoal de alto nível técnico, possivelmente não foi até termos a recente pandemia da Covid-19 quando o público geral começou a conhecê-lo.

O mesmo acontece com a tecnologia em geral. Quase qualquer pessoa tem celular, internet ou sabe usar vários aplicativos, mas pouco mais do que isso.

Assumamos a liberdade individual, cada quem faça como quiser ou souber. Nem merece a pena entrar para debater sobre esse "minado" campo.

E as organizações? Sejam privadas ou públicas ou, mais concretamente, as cúpulas diretivas de essas organizações, sabem realmente a que se enfrentam com as novas tecnologias? Que acontece com os dados pessoais dos seus clientes ou compatriotas? Que acontece com o trabalho já feito e perdido caso de catástrofe? Que acontece caso a empresa fornecedora quebrar? E se a internet também cair? Quais os planos de contingência? Tem a organização CTO(15)? Sabe o que é CTO ou CIO?

---

(14) Ter que pagar por algo livre? As leis ou as regras contáveis são de domínio público, mas normalmente pagamos por serviços especializados de advogacia e contabilidade, verdade?

(15) CTO: <https://pt.wikipedia.org/wiki/Diretor_t%C3%A9cnico>.

Sim, muitas frentes novas estão sendo abertas para preocuparmos. De tudo isto pretende ser esta parte, de como o SwL pode vir ao nosso auxílio. A decisão é de quem comanda, sabemos, mas reitero que o bom é se informar antes de decidir.

8. Sistemas conectados

Gene Spafford, professor de Computação da Universidade de Purdue, afirmou que "*O único sistema seguro é aquele que está apagado e desconectado, soterrado num refúgio de concreto, rodeado com gás venenoso e sob a custódia de guardiães muito bem pagos e armados. E, mesmo assim, eu não apostaria minha vida por ele*".

Acha que é exagero? Considere, por exemplo, que seu *browser* pode vender qual Sistema Operacional usa, as extensões ativas instaladas e o que elas rastrejam, o seu historial de sites visitados na internet, o tempo gastado em cada parte, sua localização (mapas históricos do seu movimento!), conversas completas, saúde, relacionamentos pessoais, a hora exata de quando foi feita cada escolha, os movimentos do seu *mouse*... e, se calhar, também outras informações mais críticas, número de cartão de crédito, suas senhas... depende do nível da sua segurança. E apenas falamos do *browser*! Pense em mais componentes, tanto aplicativos que use como equipamentos físicos! Ainda acha que é exagero?

Num artigo que escrevi, em espanhol, justo no começo da pandemia Covid-19, "*Privacidade, pra quê?*"(16), deixo várias fontes, tanto textos quanto vídeos, para consultar e ampliar informações a respeito, todas apontando a pessoas bem relevantes: Edward Snowden, Glenn Greenwald, a professora em Harvard Shoshana Zuboff ou a jornalista Marta Peirano. Marta começa sua palestra numa TEDx(17), como segue:

"*Cometemos três erros:*

1. *Desconsideramos a quantidade de informação que geramos cada dia;*

2. *Desprezamos o valor de essa informação;*

3. *Acreditamos que nosso inimigo é a NSA (os serviços secretos, em geral).*"

E o que realmente acontece é que "*vivemos em casas de cristal*", vigiados constantemente pelas operadoras de telefonia e cada uma das apps instaladas nos nossos celulares. Adicionem agora isto aos computadores, *chips* de cartões de crédito, etc. **Podemos fazer algo a respeito?** Acho que sim, mas nem todo mundo concorda. Eis a questão!

---

(16) Brenlla, "Privacidad, ¿para qué?" (em espanhol): <https://www.tegnix.eu/privacidad-para-que/>.

(17) TED, palestras: <https://pt.wikipedia.org/wiki/TED_(confer%C3%AAncia)>.

9. Âmbito pessoal *vs.* organizacional

Sejamos francos, acreditamos que nosso nível técnico é alto o suficiente para enfrentar com sucesso estes perigos?

A nível pessoal podemos aceitar que somos leigos e o mais fácil é seguirmos a inércia da maioria, também leiga, para acabar todos usando aplicativos fechados, formatos de arquivos não padrões, serviços que rastrejam cada passo que damos na rede e deixar nossos dados em discos sem criptografar. E todos sabemos de que falamos, pois desde o Whatsapp, Chrome, Facebook, Windows, Apple, Zoom, Skype, Hangout, Drive... somos rastrejados, espiados.

E uma organização ou um governo? Realmente considera que pode deixar tudo isto sem tomar as medidas suficientes para proteger tanto a organização quanto os dados pessoais que administra?

Reiterando, a nível pessoal que cada quem use o que quiser, óbvio! Mas a nível corporativo, os critérios devem ser mais sérios e profissionais e ainda mais se adotamos o teletrabalho, seja este generalizado ou de curta aplicação, seja a regra ou a exceção, seja completo ou híbrido.

Porém, **a realidade é crua**. O que acreditamos lógico, sensato e até ético fica em segundo plano frente à produtividade, às inércias massivas e, afinal, a economia. Abordarei algo este assunto após expor meu parecer e experiência.

10. Minha experiência profissional no teletrabalho

Eis apenas umas linhas para expor minha experiência pessoal e profissional no teletrabalho. Espero que seja de ajuda e também atraente. Começo em 2003.

Criei uma associação para louvar as virtudes e bondades da adoção do SwL que conhecera vários anos atrás, em 1997. Fiz isso desde casa, quase sozinho no começo, mas involucrando toda pessoa disposta a contribuir com a ONG. Tudo foi acontecendo muito rápido: eventos, palestras, aulas, algumas entrevistas na tv e jornais... até que houve uma chance de criar uma empresa, mais concretamente uma consultora especializada, é claro, em SwL. Foi em 2005, apenas um ano e meio depois.

Todos quanto integrávamos a consultora estávamos distantes uns dos outros, quase todos técnicos muito bons em SwL. Sem planos de teletrabalho estruturados de acordo com um projeto oficial, a gente se comunicava com *chats* criptografados, usávamos Linux, fugíamos de todo quanto era *software* fechado e "rastrejador". Não que estivéssemos fazendo ilegalidade alguma, mas aplicando a lei: "*se quer saber de mim, venha com ordem de registro*". Bom, nem tanto assim, mas esse era um dos nossos alvos, a privacidade.

Em 2007, dois anos depois, a empresa ampliou capital com a incorporação de um novo sócio, neste caso um determinante sócio capitalista, e decidimos focar no profissionalismo e na qualidade do serviço. Caíram sócios, outros mudaram, mas o projeto ficou empolgante.

O teletrabalho era "natural", nem era algo no que pensar pois simplesmente teletrabalhávamos! As comunicações eram todas feitas bem seguras, chamados por VoIP próprio, *chats* criptografados com OTR(18), e assim pela frente. Ai decidimos dar outro passo à frente: conseguir certificações que abrissem as portas a concursos públicos, e isso fizemos. Conseguimos **certificações**(19) **ISO** de qualidade, segurança, ambiental, capacitação... e ganhamos concursos públicos.

Hoje não estou na mais empresa que fundei, acho que segue muito bem encaminhada e com um futuro brilhante. A mesma continua com a prática do teletrabalho de acordo com as normas ISO que implantamos.

Na atualidade meu trabalho é em outro âmbito, mas meu escritório costuma seguir sendo meu apartamento; minhas ferramentas as mesmas, um *notebook*, um servidor remoto "de pago" com programas e serviços "a medida" com o mesmo alvo: preservar a privacidade dos dados administrados e, simultaneamente, possibilitar fazer meu **teletrabalho** mais **ubíquo**.

Certamente, não é o mesmo o trabalho em uma consultora que fazê-lo como um empresário autônomo sem funcionários. Neste papel as certificações mudam a um estrito rigor pessoal, novamente o pessoal pode se confundir com o profissional.

11. Usando soluções livres

Contratei os serviços de uma empresa especializada em soluções em SwL, a espanhola ASPL Hosting(20). Deixo claro que **não sou técnico**, embora sim economista com um, digamos, bom perfil técnico, apenas isso.

Pedi a ela vários trabalhos, resumidamente:

- Gestionar meus domínios registrados para usá-los em internet
- Usar um deles como site dos meus serviços profissionais. O *site* usa WordPress, o CMS(21) mais popular na internet. Claro, é SwL
- Ativar e manter os serviços básicos de *e-mail*, *backup*, segurança, atualizações...

(18) OTR, *Off-The-Record Messaging*: <https://pt.wikipedia.org/wiki/Off-the-Record_Messaging>.

(19) ISO (*International Organization for Standardization*): <https://www.iso.org/>.

(20) ASPL Hosting: <https://www.asplhosting.com/portal/es/ >.

(21) *Content Management System*: <https://pt.wikipedia.org/wiki/Sistema_de_gerenciamento_de_conte%C3%BAdo>.

• Um gestor de projetos com wiki que usava na minha consultora, o Redmine, também SwL

• Uma solução magnífica para substituir muitos serviços da Google ou Microsoft, **Nextcloud**(22). Com o Nextcloud bem configurado posso ter chat próprio, videoconferências, marcadores (*bookmarks*), editor simultâneo de textos, partilhar arquivos e pastas, agendas, contatos, tarefas, ativar o Dock (um ótimo substituto livre ao Trello), etc.

• Normalmente, costumo usar soluções livres antes que fechadas. Prefiro Jitsi(23) ao Zoom, o Telegram (mesmo sendo parcialmente livre, portanto, não é livre) ou o Mattermost(24) a outros como o WhatsApp ou Slack, OBS studio para gravação e *streaming* de vídeos e assim por diante.

Mas, sim, também tenho que usar aplicativos fechados e rastrejadores, principalmente no celular e por causa das inércias massivas que sinalei antes e contra as que às vezes, confesso, acho estéril lutar, mas não desisto, bem ao contrário, acho imprescindível fazê-lo.

12. Guias para implantar o teletrabalho

12.1. No Brasil

O ponto de partida é a Sociedade Brasileira de Teletrabalho e Teleatividades (**SOBRATT**(25)). "*A SOBRATT é uma sociedade civil, sem fins lucrativos, fundada em 1999 e desde então se tornou a única e acreditada fonte sobre os temas do teletrabalho e sobre as diversas formas flexíveis de realização do trabalho no Brasil*".

O *site* contem diversos e valiosos recursos. Entre eles faço a recomendação que, com certeza, é uma ótima guia para este importante processo, o livro "*Teletrabalho, alternativa de trabalho flexível*"(26) de **Joselma Oliveira** pois começa desmitificando o teletrabalho para, passo a passo, detalhar suas diversas formas, o processo de implantação, os recursos tecnológicos necessários, dicas, recomendações, métricas e até um estudo do caso do teletrabalho no SERPRO(27).

12.2. Na Espanha

A Lei 3/**2012** de medidas urgentes para a reforma do mercado laboral, modificou a ordenação do tradicional trabalho a domicilio para dar cabida ao trabalho a

(22) Nextcloud: <https://nextcloud.com/>.

(23) Jitsi: <https://jitsi.org/>.

(24) Mattermost: <https://mattermost.com/>.

(25) SOBRATT: <https://www.sobratt.org.br/>.

(26) ISBN 978-85-98694-60-3, Editora SENAC DF (Brasil) <https://bit.ly/3xUzGNM> (Lojas Americanas).

(27) SERPRO: <https://www.serpro.gov.br/>.

distância baseado no uso intensivo de novas tecnologias. O trabalho a distância está definido no texto refundido da Lei do Estatuto dos Trabalhadores, aprovado pelo Real Decreto Legislativo 2/**2015** como aquele no que "*a prestação da atividade laboral se realiza de jeito preponderante no domicilio do trabalhador ou no lugar livremente elegido (...)*".

Mas a pandemia provocada pela Covid-19 fez necessária uma atualização que foi plasmada na Lei 10/**2021** de trabalho a distância. Esta lei pode ser acessada no link que fica no rodapé, tanto em espanhol[28] quanto em galego[29] (familiar do português).

O **INCIBE** (*Instituto Nacional de Ciberseguridad*) também oferece diversas guias (em espanhol) sobre a temática do teletrabalho[30] e sua segurança[31]. Os principais pontos abarcados são os que a seguir se resumem:

13. Definir a política de Teletrabalho

Recomenda-se elaborar uma **politica de teletrabalho** para especificar tanto os aspectos técnicos quanto organizativos. É uma boa prática estabelecer os usos permitidos dos serviços da organização, e as características e configurações das tecnologias a serem usadas para o acesso remoto.

Algumas das guias práticas oferecidas são:

- Teletrabalho seguro
- Uso de *Wi-Fi* e redes externas
- Armazenamento na nuvem (*cloud*)
- Aplicativos permitidos
- Celulares não corporativos

14. Objetivos de segurança

É necessário segurar as cinco dimensões sobre a que se sustenta a cibersegurança:

1. **Disponibilidade**: segurar o acesso aos recursos quando for preciso;

---

(28) BOE da Lei 10/2021 em espanhol: <https://www.boe.es/boe/dias/2021/07/10/pdfs/BOE-A-2021-11472.pdf>.

(29) Mesmo BOE em galego: <https://www.boe.es/boe_gallego/dias/2021/07/10/pdfs/BOE-A-2021-11472-G.pdf >.

(30) INCIBE, guias teletrabalho: <https://www.incibe.es/protege-tu-empresa/tematicas/teletrabajo>.

(31) "Ciberseguridad en el teletrabajo": <https://www.incibe.es/protege-tu-empresa/guias/ciberseguridad-el-teletrabajo-guia-aproximacion-el-empresario>.

2. **Autenticidade**: garantir que a informação está livre de modificações não autorizadas;

3. **Integridade**: é a propriedade da informação quem garante que os dados são legítimos, ou seja, não foram modificados ou alterados sem autorização;

4. **Confidencialidade**: garantir que a informação unicamente é acessível para o pessoal autorizado;

5. **Rastrejabilidade**: registrando a atividade sobre cada ativo.

Algumas das guias práticas oferecidas são:

• Sabe proteger a informação da sua empresa?

• RGPD[32] para PEMES[33] (pequenas e médias empresas).

15. Ameaças

Habilitar o teletrabalho na organização abre a porta a novas ameaças e pode afetar à segurança e à privacidade da informação, tanto dos dispositivos clientes como dos servidores. As principais a atender são:

• **Ausência de controles de segurança física.** É importante controlar os acessos físicos aos dispositivos, aplicar senhas fortes ou o cifrado da informação armazenada.

• **Errores de configuração.** O ideal é que todo o *software* que usemos para o teletrabalho seja configurado e supervisado por pessoal técnico.

• **Redes inseguras.** É recomendável utilizar soluções VPN (*Virtual Private Network*, redes privadas virtuais) pois, ao cifrar toda a informação, protegem o trânsito em redes inseguras como as *Wi-Fi* públicas ou comerciais abertas.

• **Dispositivos inseguros.** O uso de dispositivos inseguros, sejam propriedade da organização ou do funcionário como BYOD (*Bring Your Own Device*, trabalhe com seu próprio dispositivo) com frequência adicionam grandes riscos e implicam uma das maiores ameaças. Avalie a possibilidade de oferecer dispositivos configurados por pessoal técnico com o nível de segurança requerido e proibindo o BYOD.

• **Acessos não autorizados.** É imprescindível habilitar mecanismos de autenticação robustos e, sempre que for possível, fator duplo de autenticação.

---

(32) RGPD é o acrônimo de Regime Geral de Proteção de Dados que impera na Europa.

(33) PEMES: pequenas e médias empresas até 250 funcionários.

• **Capacitação insuficiente.** A falta de capacitação, conhecimento das políticas de segurança são graves riscos que repercutem em toda a organização.

• ***Software* desatualizado ou de fontes não confiáveis.** Imagina o *software* que "não é livre", sem oferecer seu código, sem sabermos tudo o que pode fazer... que confiabilidade pode oferecer? Além disso, as atualizações do SwL costumam ser quase que diárias e desde centros tecnológicos ou universitários, eis a diferença!

• **Roubo, perda ou destruição do dispositivo.** É preciso atender com máximo cuidado o acesso a informação em dispositivos que podem sofrer algum de esses incidentes.

• **Ferramentas colaborativas.** O pessoal técnico tem que priorizar seu mantimento e segurança.

• **Armazenamento *cloud* (na nuvem).** Usar só aqueles que foram aprovados na política da organização. Pessoalmente acho bom que se valore especialmente em casos como este as soluções com SwL.

16. Métodos de acesso remoto

Para permitir o aceso remoto dos funcionários aos recursos corporativos, temos várias opções, sendo a **VPN** em combinação com outros sistemas, como **VDI** (*Virtual Desktop Infrastructure*, acesso a equipes remotas), portais de aplicativos e acesso direto a esses aplicativos.

Selecionar a opção mais adequada é crucial, sendo precisa a máxima cautela em termos de segurança e proteção dos dados pessoais.

17. Recomendações finais

Gostaria que guias para o teletrabalho considerassem e recomendassem com firmeza o uso do **SwL**, pelas suas inúmeras vantagens, especialmente em termos de segurança, privacidade e confiabilidade. É fácil cair em "inércias massivas" que costumam ser rastrejadoras, inseguras e comercializadoras dos dados pessoais que gestionamos.

Outro ponto que costuma ser esquecido é a **accessibilidade** e tecnologias assistivas para sermos inclusivos com todos os integrantes da nossa organização.

Por último, se for o caso, considere a opção de ir da mão de alguma boa **consultora** que ajude à organização a obter a **certificação ISO** pertinente e garantir o sucesso da incorporação do teletrabalho como uma modalidade laboral mais já desde o berce da sua implantação.

18. Isenção de responsabilidade

Colocar tantas propostas e conhecimentos, digamos, disruptivos e estratégicos em tão pouco espaço require de uma pausada digestão. É por isso que incluo esta "isenção de responsabilidade" inspirada e adaptada da que faz o admirado historiador, jornalista e *youtuber* **Eduardo Bueno**(34) na sua série "Não vai cair no ENEM":

"*O que acaba de ler está repleto de generalizações e simplificações, mas o quadro geral a mostrar era esse ai mesmo. Agora, se você quer saber mais (...), ah!, então você vai ter que se informar.*"

E reitero minha recomendação dada no começo de este trabalho quando compartilhei a fórmula que dada por um bom professor de Economia:

Decisão = Informação + Risco

Ou seja, na hora de decidir, é bom estarmos bem informados para tomar a melhor das decisões assumindo os mínimos riscos.

Por favor, informem-se!

(34) Eduardo Bueno: <https://pt.wikipedia.org/wiki/Eduardo_Bueno>.

Riscos de Segurança da Informação em Contexto de Programa de Gestão e Desempenho

Walter Cunha[(1)]

Bruno Affonso[(2)]

Juliana Legentil[(3)]

1. Introdução

A experiência do setor público na execução de trabalho remoto antecede, em muito, a situação transitória de emergência em saúde pública ocasionada pela pandemia do coronavírus, variando em forma, conteúdo e instrumentos de formalização e transparência, conforme a realidade e a maturidade institucional de cada órgão ou entidade. Contudo, a referida condição sanitária catalisou os processos de teletrabalho nos ambientes público e privado, proporcionando, como consequência, algum nível de convergência procedimental na execução do teletrabalho.

Partindo da premissa de que o mero cumprimento formal de uma carga horária não atende ao comando do ordenamento racional-legal, o presente trabalho, de natureza exploratória e descritiva, tem por objetivo compreender os eventos de risco para a segurança da informação decorrentes do contexto do Programa de Gestão e Desempenho (PGD). Trata-se de modelo de organização do trabalho no setor público que

(1) Mestrando em Administração Pública pela Fundação Getúlio Vargas (FGV). MBA em Gestão de Projetos (FGV). Engenheiro Eletrônico pelo Instituto Tecnológico de Aeronáutica (ITA). Auditor Federal de Finanças e Controle da Controladoria-Geral da União (CGU). Professor e Palestrante sobre Governança Pública, Teletrabalho, Gestão de Segurança da Informação e de Contratações de TIC.

(2) Mestre em Administração Pública. Especialista em Logística e Mobilização Nacional. Graduado em Direito. Editor do Ementário de Gestão Pública.

(3) Doutoranda e Mestre em Administração pela Universidade de Brasília, linha de pesquisa Gestão de Pessoas e Estudos Organizacionais. Especialista em Gestão Estratégica em Recursos Humanos e graduada em Administração pela Universidade Estácio de Sá – RJ. Integra o Grupo de Pesquisa E-trabalho, certificado pelo CNPq.

objetiva dar garantia razoável de conformidade com o cumprimento da jornada legal de trabalho, transcendendo o paradigma do "controle de ponto" ao vincular o cumprimento da jornada a entregas mensuráveis proporcionalmente dimensionadas em função do tempo.

Para alcançar tal mister, após breve encaixe conceitual com as temáticas subjacentes de segurança da informação, teletrabalho e gestão de riscos, será desenvolvido um quadro sinóptico com base em protocolo de SANTOS e SOUZA (2020) adaptado pelos autores com a técnica de rastreamento de processo, "método de pesquisa qualitativa que se baseia na construção de uma cadeia causal, a ser testada, que origina um determinado resultado", segundo Silva e Cunha (2014).

A temática é objeto de constante atenção dos dirigentes públicos e, em especial, dos gestores de pessoas no setor público, por possuir reflexos imediatos. De um lado, em elementos como o controle de jornada e frequência do trabalho, como elementos tradicionalmente estruturantes das relações de trabalho no setor público e, de outro, a produtividade, despontando como indicador finalístico de aderência ao princípio constitucional da eficiência. Tal quadro requer capacidade de resposta desses atores que foge à inteligência ordinária dos regimes jurídicos únicos, demandando aprofundamento que transcende a esfera da ciência jurídica.

Como marco lógico de desenvolvimento do artigo, diante da aparente contradição entre o meio formal de estruturação da relação de trabalho entre a Administração Pública e o servidor (horas por semana) e o meio real (produtos entregues, benefícios revertidos aos usuários dos serviços públicos, etc), surge a necessidade de estruturação de regulamentação que conjugue tempo e produtividade, segundo o qual a presença física passa do servidor nas dependências físicas da Administração Pública deixa de ser, ao menos em sua totalidade, um requisito de prestação do serviço, fenômeno que atrai impactos específicos das incertezas sobre os objetivos e demanda, assim, respostas também específicas.

Como objeto de estudo, apresenta-se o Poder Executivo federal, selecionado em virtude da relativa padronização do Programa de Gestão e Desempenho nesta esfera e da existência de um órgão central, qual seja, a Secretaria de Gestão e Desempenho de Pessoal do Ministério da Economia, associado, nesta abordagem, à experiência dos autores nesta esfera – ao mesmo tempo uma limitação de escopo, vez que particulariza a abordagem à realidade em foco. Nada obstante, espera-se que adaptações e leituras correlatas possam ser desenvolvidas em outras esferas e Poderes, com as devidas salvaguardas.

Além desta breve introdução, o trabalho apresenta um breve encaixe conceitual sobre segurança da informação, teletrabalho e riscos, um quadro sinóptico que enumera, descreve e segmenta eventos de riscos relacionados ao objeto do trabalho, e por fim, discussão de resultados e conclusão, na expectativa de apropriação de seus resultados pela administração pública, como *locus* de absorção do valor agregado ao conhecimento gerado por ela, num movimento de retroalimentação, o que, de alguma forma, responde às críticas formuladas por Bertero et al. (1999, p. 150), no sentido de que a produção acadêmica brasileira, no campo da administração, seria "um fenômeno da academia, nela gerada e por ela própria consumida".

2. Alinhamento conceitual

2.1. Segurança da informação e o teletrabalho

Com o advento da pandemia, as pessoas foram enviadas para trabalhar a partir de suas residências de uma forma muito abrupta, ou seja, sem tempo para que os devidos cuidados nas mais diversas áreas fossem tomados. Dentre os cuidados que deixaram de ser adotados, podemos citar os relacionados à segurança da informação, por exemplo: treinamento; disponibilização de recursos (hardware, software e conexão), e suporte corporativo para as máquinas particulares.

Como complicador adicional, podemos citar toda a comoção trazida pelo início da vigência da Lei Geral de Proteção de Dados Pessoais (LGPD), que alçou os dados pessoais — antes considerados comuns — à categoria de ativo fortemente cobiçado. Longe de tentar atribuir a responsabilidade à LGPD, que tenta inclusive minimizar tais abusos, também não se pode deixar de considerar o fetiche que a LGPD despertou nos *hackers* diante da possibilidade de ter maior repercussão de seus ataques nas mídias.

O aumento da superfície de ataque, somada à falta de preparação dos usuários diante do novo cenário e ao aumento da repercussão de vazamentos, não poderia resultar em cenário diferente do que estamos vivenciando desde 2020, qual seja, ataques sistemáticos às organizações, explorando vulnerabilidade que, em alguma medida, foram potencializadas pelo arranjo de teletrabalho.

2.3. Segurança da informação e o teletrabalho

Diferente de outras áreas, as características da segurança da informação acabam por simplificar sobremaneira a análise de riscos, uma vez que, independentemente do cenário, a tarefa se resumirá à manutenção de todo ou de um subconjunto dessas qualidades.

Basicamente a segurança da informação trata de resguardar as propriedades da informação, as quais formam o acrônimo CIDA (CERT, 2012), definidas em seguida:

Confidencialidade – propriedade pela qual a informação só deve ser acessível por usuário legitimados;

Integridade – propriedade que assegura que informação não sofreu modificações;

Disponibilidade – propriedade pela qual a informação estará acessível para os usuários legitimados;

Autenticidade – propriedade que certifica a identidade do usuário.

A maioria dos Órgãos Públicos atualmente não possuem uma cultura de segurança da informação elevada, o que foi constatado no diagnóstico sobre os controles implementados pelas organizações públicas federais para adequação à LGPD Brasil. (2022). A partir de 2021, por provocação tanto do controle interno (CGU) quanto do Externo (TCU), a Secretaria de Governo Digital (SGD) passa a conduzir o Programa de Privacidade e Segurança da Informação (PPSI), no intuito de elevar a maturidade de segurança da informação, especialmente no tocante à proteção de dados pessoais e privacidade.

Assim como a Covid-19 foi o grande catalisador do teletrabalho, podemos encarar a necessidade de proteção da informação frente aos crescentes ataques como catalisadora de (finalmente) uma maior segurança da informação no Setor Público. Contudo, vale sempre ressaltar que os riscos não devem necessariamente ser freios para o desenvolvimento, mas que o entendimento sobre os riscos envolvidos e a sua mitigação adequada devem ser molas propulsoras para uma inovação constante e sóbria.

2.4. Teletrabalho

Considerando o cenário definido pelos autores (Programa de Gestão e Desempenho) aplicável a outros contextos, o teletrabalho deve ser entendido como "modalidade de trabalho em que o cumprimento da jornada regular pelo participante pode ser realizado fora das dependências físicas do órgão, em regime de execução parcial ou integral, de forma remota e com a utilização de recursos tecnológicos, para a execução de atividades que sejam passíveis de controle e que possuam metas [...]" (Instrução Normativa n. 65/2020).

Ainda que estejamos dialogando em torno de uma modalidade que expandiu de modo vertiginoso durante a crise sanitária da Covid-19, passada a fase aguda, verificou-se que várias organizações retrocederam na adoção do regime de execução integral do teletrabalho, no qual a totalidade da jornada de trabalho é cumprida fora das dependências da organização. Não obstante, a literatura científica já sinalizava a existência de resultados paradoxais (BOELL *et al.*, 2016), o que nos leva a pensar que fatores contextuais não podem ser ignorados.

Ressalta-se que a literatura está repleta de conceitos em torno da virtualidade do trabalho, como teletrabalho; trabalho a partir de casa; trabalho remoto; *home office*; equipes virtuais; entre outros. Contudo, as experiências tendem a ser distintas a depender das configurações e limites que são adotadas de forma particularizada pelas organizações. Nesse sentido, os níveis distintos de virtualidade — dependência da tecnologia para a interação entre os trabalhadores e a dispersão geográfica (RAGHURAM *et al.*, 2019) — apresentarão riscos distintos a serem mitigados.

2.5. Gestão de riscos no setor público

O risco é conceituado como o efeito das incertezas sobre os objetivos das organizações (NBR ISO 31000). No esforço de internalização do conceito ao direito administrativo pátrio, o conceito de risco foi delimitado como a possibilidade de ocorrência de um evento que venha a ter impacto no cumprimento dos objetivos. O risco é medido em termos de impacto e de probabilidade", nos termos do art. 2º, XIII, da Instrução Normativa Conjunta n. 1, de 10 de maio de 2016, que dispõe sobre controles internos, gestão de riscos e governança no âmbito do Poder Executivo federal.

A aludida norma, de curso forçado para o Poder Executivo Federal — objeto do presente estudo — incorpora ao cabedal de tecnologias de gestão acessível no espectro normativo ao gestor público a ela submetido, a gestão de riscos, descrita como um fluxo procedimental que envolve, em apertada síntese, as seguintes etapas sequenciais e coerentemente concatenadas e interdependentes entre si:

— caracterizar o **ambiente interno**, construindo um repositório de informações que caracterizem a organização, seus processos formais (normas, procedimentos, organograma) e, tanto quanto possível, informais (relações de poder, cultura, ambiente);

— **fixar objetivos**, ou seja, compreender e declarar o que a organização pretende alcançar em determinado recorte temporal e para cujo alcance faça sentido recrutar esforços para aumentar as chances de que ocorra;

— **identificar eventos** de risco, utilizando técnicas lógico-dedutivas e indutivas, modelos matemáticos, histogramas, dentre outros, para identificar quais potenciais eventos poderiam, em tese, impactar nos objetivos fixados na etapa anterior;

— **avaliar os riscos identificados**, em função do produto da probabilidade de sua ocorrência e do impacto nos objetivos fixados, caso materializado;

— **definir a resposta aos riscos** com base na avaliação realizada, em função de diretrizes institucionais relacionadas a alçada e apetite a riscos e, sobretudo, coerente com o ambiente interno;

— **estabelecer medidas de controle** correlacionadas com as respostas e, sobretudo, com o ambiente interno mapeado na primeira etapa, posto que não cabe estabelecer controles irreais;

— **informar e comunicar** às partes interessadas para que todos os agentes da organização conheçam seus respectivos papéis no processo de gerenciamento de riscos e detenham capacidade de resposta para agir ou reportar oportunamente e, por fim,

— **monitorar** o planejamento, execução e resultados deste processo, para que o fluxo descrito possa ser retroalimentado, testado, aperfeiçoado e objeto de controle interno e externo.

3. Abordagem sinóptica de riscos da segurança da informação na execução do teletrabalho no setor público

A ideia do trabalho é fornecer um catálogo de riscos base (mínimo) de segurança da informação relacionado à prática de teletrabalho, que seja de fácil aplicação e adaptação pelos órgãos e entidades públicas. Ainda, pelo fato de ser "base" ele foi concentrado no que se entende serem os riscos mais comum do usuário, e que justamente por isso, pode e deve ser objeto de expansão conforme a realidade de cada entidade.

Os riscos prospectados abaixo tiveram como foco as estações de trabalho, representadas por *laptops* e *desktops*, não abrangendo necessariamente equipamentos *mobile* como celulares e *tablets*. Embora nem todos sejam riscos exclusivos de teletrabalho, em ambientes de baixa maturidade em segurança, o fato de o usuário não precisar estar à vista das equipes de pares acaba por potencializar o risco desses usuários permanecerem ocultos.

R#01 Captura de credenciais e/ou de informações ao usar uma rede não confiável

• Situação de Risco: acesso a partir de uma rede *wifi* de um *cyber* café qualquer.

• Mitigação: não acessar, acessar via rede celular, acessar usando vpn/vdi profissional;

• Observação: não usar vpn ditas *"free"*.

R#02 Perda de dados decorrente de falha

• Situação de Risco: queima do HD da máquina;

• Mitigação: trabalhar em pastas sincronizadas e *inbox* de *e-mail* na nuvem (*backup* contínuo);

• Observação: avaliar a possibilidade de subsidiar a instalação de solução de nuvem na máquina do usuário. Lembrar de sincronizar especialmente os arquivos pst, se o e-mail não for em nuvem (ideal).

R#03 Falso negativo por considerar sem relevância a localidade de acesso

• Situação de Risco: acesso aos sistemas corporativos a partir de localidade e em frequência significativamente atípicas;

• Mitigação: monitorar de forma automática e contínua os acessos remotos e cruzar com informações de comportamento do usuário corporativo: férias, licenças, viagens, domicílio, etc. Por exemplo, com a utilização de SIEM;

• Observação: não é recomendado que se assuma, por conta do trabalho remoto, que os usuários podem estar em qualquer lugar e, portanto, considerar todo acesso normal, uma vez que a localidade de acesso pode ser determinante para se detectar ataques ou acessos indevidos.

R#04 Exposição de Dados

• Situação de Risco: perda ou roubo do equipamento ou dispositivo com informações corporativas;

• Mitigação: habilitar criptografia no dispositivo (*bitlocker*, *Veracrypt*, codificação de telefone, etc.), fazer uso de algum MDM.

• Observação: as áreas de segurança devem ser imediatamente comunicadas do incidente de modo a minimizar os danos, e poder auxiliar em um eventual acionamento das autoridades.

R#05 Infecção de malware na Rede decorrente de acesso de dispositivo contaminado

• Situação de Risco: Usuário com máquina particular contaminada fazendo acesso aos sistemas computacionais da organização;

• Mitigação: utilização de solução profissional de segurança na máquina do usuário.

• Observação: avaliar a possibilidade de subsidiar a instalação de suíte de segurança profissional na máquina dos usuários ou mesmo fornecer o equipamento corporativo.

R#06 Improdutividade por falta de assistência

• Situação de Risco: Usuário está com dificuldades, mas tem o seu suporte negado pelo fato de não existir previsão contratual para intervenção em equipamento ser particular;

• Mitigação: assim que possível, compatibilizar contrato de suporte para abarcar tal cenário que passou a ser rotineiro;

• Observação: é necessário cuidado nas intervenções da organização na máquina do usuário, uma vez que uma intervenção excessiva ou sem autorização expressa do proprietário do equipamento pessoal pode caracterizar invasão de privacidade.

R#07 Vazamento de credenciais de acesso decorrente de comportamento displicente

• Situação Exemplo: inserir credenciais em e-mail falso de suporte (*phishing*);

• Mitigação: criar *phishing* simulados e direcionar os usuários que caíram para treinamento de reciclagem em segurança da informação;

• Observação: esse tipo de teste deve ser bem coordenado com as áreas-chave de modo a não espalhar o pânico.

R#08 Utilização de meio incompatível com a sensibilidade para trafegar/armazenar/arquivar informação

• Situação Exemplo: funcionário armazena dados sensíveis em *pendrive* sem proteção por criptografia;

• Mitigação: elaborar uma matriz de proteção de informação, relacionando a sensibilidade da informação com os meios e técnicas de tráfego/armazenamento/processamento indicadas;

• Observação: consulta de fácil acesso (física e lógica) com a descrição de situações cotidianas, com o passo-a-passo para o melhor resguardo da informação (linguagem simples) aumentará a probabilidade de os usuários adotarem as medidas esperadas.

R#09 Captura de Informações/Valores por meio de ataque de engenharia social

• Situação Exemplo: alguém tenta se passar por um colega ou autoridade em ligações ou sessões de chat e sai pedindo informações ou mesmo valores financeiros;

• Mitigação: treinamento e simulação;

• Observação: como boa prática, sugere-se que aqueles que caírem na simulação sejam convidados a passar por treinamentos de reciclagem.

R#10 Acesso/Interação em sistemas corporativos por ex-colaborador

• Situação Exemplo: funcionário desligado/suspenso da entidade permanece com autorização de acesso aos sistemas da organização;

• Mitigação: rotinas rigorosas e automatizada de inativação nos sistemas de usuários desligados/suspensos;

• Observação: uma boa prática é combinar a mitigação proposta com rotinas periódicas de confirmação de usuários e de suas necessidades de acesso junto aos gestores dos sistemas.

4. Conclusão

A ampliação dos regimes de teletrabalho integral e parcial (híbrido) no setor público, como qualquer outra atividade organizacional, atrai eventos de risco com potencialidade de impacto nos objetivos. No caso específico dos objetivos organizacionais relacionados com a oferta de garantia razoável de segurança da informação, a proximidade temporal da massificação dos modelos de trabalho não presenciais e dos eventos torna o seu mapeamento um desafio significativo, em virtude da escassez de registros prévios identificando e categorizando-os.

É precisamente nesta lacuna que o presente estudo se insere, oferecendo às organizações públicas uma relação-base de eventos de risco e sugestões de controles associados, atraindo para este rol o esforço gerencial e operacional de mitigação, fortalecendo a capacidade de resposta do setor público.

Como proposta de trabalhos futuros, sugere-se a extensão da prospecção de riscos de sistemas de informação para equipamentos móveis.

Referências

Associação Brasileira de Normas Técnicas – ABNT (2009). *ABNT NBR ISO 31000:2009 Gestão de riscos* – Princípios e diretrizes. ABNT.

BERTERO, Carlos Osmar; CALDAS, Miguel Pinto; WOOD JR., Thomaz. Produção científica em administração de empresas: provocações, insinuações e contribuições para um debate local. *Rev. adm. contemp.*, Curitiba , v. 3, n. 1, p. 147-178, abr. 1999.

BOELL, S. K. Cecez-Kecmanovic., D.; Campbell, J. (2016). Telework paradoxes and practices: The importance of the nature of work. *New Technology, Work & Employment*, v. 31, n. 2, p. 114-131.

BRASIL. (1988). Constituição da República Federativa do Brasil. Diário Oficial da União, Brasília. Disponível em: <http://www.planalto.gov.br/ccivil_03/Constituicao/DOUconstituicao88.pdf>. Acesso em: 6 jun. 2020.

______. (2016). *Instrução Normativa Conjunta MP/CGU n. 1, de 10 de maio de 2016*. Dispõe sobre controles internos, gestão de riscos e governança no âmbito do Poder Executivo federal. Diário Oficial da União, Brasília. Disponível em: <https://www.in.gov.br/materia/-/asset_publisher/Kujrw0TZC2Mb/content/id/21519355/do1-2016-05-11-instrucao-normativa-conjunta-n-1-de-10-de-maio-de-2016-21519197>. Acesso em: 6 jun. 2020.

______. (2020). *Instrução Normativa n. 65, de 30 de julho de 2020*. Estabelece orientações, critérios e procedimentos gerais a serem observados pelos órgãos e entidades integrantes do Sistema de Pessoal Civil da Administração Federal — SIPEC relativos à implementação de Programa de Gestão. Disponível em: <https://www.in.gov.br/en/web/dou/-/instrucao-normativa-n-65-de-30-de-julho-de-2020-269669395>. Acesso em: 6 jun. 2020.

______. (2022). *TCU verifica risco alto à privacidade de dados pessoais coletados pelo governo.* Disponível em: <https://portal.tcu.gov.br/imprensa/noticias/tcu-verifica-risco-alto-a-priva-

cidade-de-dados-pessoais-coletados-pelo-governo.htm#:~:text=O%20Tribunal%20de%20Contas%20da,Proteção%20de%20Dados%20(LGPD)>. Acesso em: 19 out. 2022.

______. (2022). Programa de Privacidade e Segurança da Informação (PPSI). Disponível em: <https://www.gov.br/governodigital/pt-br/seguranca-e-protecao-de-dados/PPSI>. Acesso em: 19 out. 2022.

BR, C. E. R. T. (2012) Cartilha de Segurança para Internet, versão 4.0 / CERT.br – São Paulo: Comitê Gestor da Internet no Brasil.

CASTRO, Rodrigo Pironti Aguirre de; CUNHA, Walter Luis Araujo da; CAMARÃO, Tatiana. Plano de intensificação do teletrabalho nos órgãos e entidades públicas. *Fórum Administrativo — FA*, Belo Horizonte, ano 20, n. 233, p. 35-42, jul. 2020

CUNHA, Walter; AFFONSO, Bruno; LEGENTIL, Juliana. Implantação da LGPD no setor público: gerenciando riscos iminentes. In: PIRONTI, Rodrigo (Coord.). *Lei Geral de Proteção de Dados:* estudos sobre um novo cenário de Governança Corporativa. Belo Horizonte: Fórum, 2020. p. 157-165. ISBN 978-65-5518-043-5.

RAGHURAM, Sumita *et al.* Virtual work: Bridging research clusters. *Academy of Management Annals*, v. 13, n. 1, p. 308-341, 2019.

SANTOS, F. B.; SOUZA, K. R. *Como combater a corrupção em licitações:* detecção e prevenção de fraudes. 3. ed. Belo Horizonte: Fórum, 2020. 152p. ISBN 978-85-450-0165-2.

SILVA, F. M. E.; CUNHA, E. S. M. *Process tracing* e produção de inferência causal. *Revista Teoria e Sociedade*, v. 22, n. 2, p. 104–125, 2014.